講談社選書メチエ

725

「心の哲学」批判序説

佐藤義之

MÉTIER

「心の哲学」批判序説◉目次

凡例

本文中で何度も引用ないし参照する著作については、左記の略号を用い、文中で引用（参照）ページ数とともに示した。読者の便のため、「／」のあとに邦訳の対応するページを記した。（例、MT, p. 147／一七三頁）。ただし、引用文の訳はすべて佐藤の訳である。

MT: Benjamin Libet, *Mind Time: The Temporal Factor in Consciousness*, Cambridge, Mass. ; London: Harvard University Press, 2004.（『マインド・タイム』下條信輔訳、岩波書店、二〇〇五年）

CM: David J. Chalmers, *The Conscious Mind*, New York: Oxford University Press, 1996.（『意識する心』林一訳、白揚社、二〇〇一年）

RP: Derek Parfit, *Reasons and Persons*, New York: Oxford University Press, 1984.（『理由と人格』森村進訳、勁草書房、一九九八年）

MC: Paul M. Churchland, *Matter and Consciousness*, Cambridge, Mass.: MIT Press, 3rd ed., 2013.（『物質と意識』信原幸弘・西堤優訳、森北出版、二〇一六年）

PP: Maurice Merleau-Ponty, *Phénoménologie de la perception*, Paris: Gallimard, 1945.（なお、本著作は邦訳が複数あるが、以下の邦訳は原著の対応ページが欄外に付されているため、邦訳対応ページを付していない。『知覚の現象学』竹内芳郎・小木貞孝・木田元・宮本忠雄訳、みすず書房、一九六七、七四年）

VI: Maurice Merleau-Ponty, *Le visible et l'invisible*, Paris: Gallimard, 1964.（なお、本著作は邦訳が複数あるが、対応ページは以下の邦訳に拠って示した。『見えるものと見えないもの』滝浦静雄・木田元訳、みすず書房、一九八九年）

SU: Melvyn A. Goodale, & A. David Milner 2004, *Sight Unseen*, Oxford: Oxford University Press.（『もうひとつの視覚』鈴木光太郎・工藤信雄訳、新曜社、二〇〇八年）

第一部

「心の哲学」との対決

序　可能性の議論への違和感

本書では、意識は脳という物質によって完全に決定され、意識が身体に因果的に影響をあたえることはできないという、広く浸透している意識観にもとづく諸々の見解、なかでもとりわけ英米系の「心の哲学」に属すいくつかの意識観を批判的にながめ、そのうえで意識の実像を描き出したい。その際の立脚点と手がかりは現象学である。現象学は意識に直接現れる諸現象を、意識そのもののみならず外的世界などあらゆるものについての研究のための出発点とする立場である。したがって意識は現象学にとって中心的な課題である。しかしながら現代において、意識の解明に関しては、「心の哲学」が認知科学、神経科学などの成果をとりいれて、重要な成果を収めるようになっており、心の哲学の研究者からは、現象学的なアプローチからの意識解明は周回遅れのように見なされているかもしれない。だが私は心の哲学については、いくつか大きな違和感を感じざるをえない。

現象学も創始者フッサールにおいては、本質の学として確立することが目指され、事実性は排除された。しかしながら、あとに続く現象学者たちの多くが、このようなフッサールの方針を批判し事実性を重視する方向に転向した。学問を行うわれわれは身体をもつ人間であり、特定の歴史、環境のなかに住まい、それらの制約のなかで生き、経験し、思考している。これらの条件による制約を免れて思考を展開できると思うのはその制約の重みを十分理解していないからにほかならない。このような条件を学問も十分に考慮する必要がある。われわれは事実的歴史的な存在であり、そういう事実性を免れた思考を展開することなどできない。

事実性重視の現象学を私も信奉するが、その立場に立てば、思考実験を主要な方法のひとつとし、「論理的可能性」に頼る心の哲学の議論の進め方に大きな違和感を感じる。思考実験とは実際の実験でなく、思考のなかで仮想的に様々な想定を行うことである。このような思考内の実験や論理的可能性に頼るひとは、思考の際は人間の事実的条件を逃れ自由に思考を展開できるということを前提している。「論理的可能性」をもちだすのも同様である。何が論理的に可能かを、思考のなかで事実条件に制約されることなく見抜くことができるという前提で、心の哲学の研究者は論理的可能性をもちだすのである。しかしそのような自由は事実的な条件にとらわれた人間に可能とは考えられない。また、仮に可能だとしても、そういう自由をもとに奔放に展開された思考で、人間の条件を離れて意識や知覚、世界等々を考えるとしても、それは一体どういう意味をもつだろうか。私にとって重要なのは、私と同様の人間的条件をもつものにとってのそれらであり、仮想的な動物の、あるいは動物でさえない理性にとっての意識、知覚、世界ではないだろう。

意識について論理的な可能性をいくら考えてみたとしても、それを「意識」と呼べるか否かの判断には、現実の私の意識を基準に答えるしかない。三人称的にそれが意識かどうかを判断するとしても、その判断は結局は私の意識からとりだした意識の「本質」の兆候をそこに見いだせるかどうかの判定になってしまう。一方、一人称的に考える場合は、結局は想像力の問題に帰着する。たとえば時間性を欠く意識などを想像できるかどうかが決定的である。ただ、ここでも私の意識のどれほどが残っているかを基準として意識か否か判断することになり、その制約を免れない。ほかの意識を知らない——世界内のほかのものの本質と異なり、意識は自分の意識しか体験できないため、言語的交流のできるような範囲でしかほかのタイプの意識の存在を確証できない——のだから（五章五節で再考する）。

私は右のように考えるので、本書で非現実的な思考実験を利用するのは、あくまで非現実的な思考実験に頼る議論を論駁《ろんばく》するために、一旦相手の土俵に乗って議論を展開するような場合、つまり消極的・否定的な議論の場合に限る。積極的な主張を展開するため非現実的な思考実験を使うことはしないし、すべきではない。

現実の私の意識、それは一動物としての人間の意識である。したがって、動物であることをあえて捨象してえられた「意識の本質」を意識解明の方向づけに利用しようという試みは、成算が乏しい。また、体験することができるのはただ私の意識だけであるという点が、ほかと違う意識の特性であるから、私自身の中にとどまらず解釈学的な仕方で自己の限界を乗りこえるという手段も絶望的である。ほかの意識はあくまで他者（他の動物）の意識でしかなく、それゆえ異なりすぎる意識形態は意識の無としてしか評価できないのである。

それゆえ私は、以下においてできる限り動物の意識として意識を考えていきたい。動物にとって、意識とは世界にある私に対して利益や害をあたえる対象を認識しそれに働きかけるためのものであり、世界へと向かう実践のためのものである。

以下では進化論的議論が大きな役割を果たす。動物のものとして意識を考える以上、このような考察を避けることはできない。自然科学の成果に頼ることが現象学的な立場の逸脱につながる危険性は十分に承知しているが、事実的なものとして意識を考えるなら、その事実性を具体的に構成するものにまで問いを進めて行かざるをえない。現象学を奉ずるからといって、事実性を現象するレベルの事実性に限定して考えるべきではなかろう。現象学において事実性の問題はもっぱら意識としての主体が事実的条件によって規定されているという側面について論じるものである。そしてその主体を拘束する事実的条件のなかで、直観的に知られるようなものは多くない。むしろ直観的には、私は無制約的な主観であるように思われがちである。もっぱら事実性は、直観的レベルを離れ、客観的な分析などを援用することで知られるものである。

したがって、事実性を重視するなら、客観的科学の知見を避けて通ることはできないし、むしろ積極的に援用すべきものであろう。以下でたびたび引きあいに出すM・メルロ＝ポンティも、当時の科学的知見を積極的に利用した現象学者であった。事実性の現象学は、すべてを意識および意識対象として論じることに甘んずることはできない。意識をこえ、意識を規定するものにかかわってゆかざるをえないのである。進化論的に考えて、意識は生存適合性をもたなければ生きのびてきたはずがないのであり、それゆえ意識は行動に影響を及ぼしうるはずである。意識の身体への働きかけは可能と考えざるをえない。

実践のためのものとしての意識は、生存のためのものとしての意識と言い換えることができるから、実践のためのものとしての意識観は進化論的考察に親和性をもつ。ただ、私がここで進化論に頼るのは、もっぱら意識の物質への因果的影響を否定し、意識の無用性を論じる議論を批判反駁するという意図においてである。意識は何の役割も果たしていないという見解は、心の哲学において一定の支持者をもっている。その見解によれば、意識は身体を動かすこともできない。実は物質としての脳を含めた身体が、外界からの入力に反応してふさわしく身体を動かしているだけであり、それが意識にはあたかも意識が意志を介して動かしているかのように思えるだけだと主張される。この主張は意識についての直観に反するが、この主張を支えるのは物理世界の因果的閉鎖性の確信である。「物理世界の因果的閉鎖性」とは、物理世界がそれ以外のもの――たとえば物質から独立した意識――の因果的影響を受けないでそれだけで完結しているということである。ここから、一般に、「意識」があるとしてもそれは物質的なものに還元できるものであるか、あるいは「意識」は物質に付随して生じ、物質によって因果的に決定されても、物質に対し因果的影響を及ぼせないものと理解される。自然科学の今日までの成果をふまえれば、世界は因果的には物質レベルで完全に決定されており、意識であれ何であれ物質から独立したものが物質に力を及ぼす余地はないというこの考えは、否定しがたいほど確実に思われる。この、物理世界の因果的閉鎖性の確信が意識の無用性の主張の根拠にあり、私はそれに対抗するために、おなじ科学のレベルの進化論的考察を根拠として争ったわけである。ここにおいてもあくまでも否定的な議論のために相手の土俵である科学的知見に頼ったという事情である。第二部で展開される積極的な議論でも科学的分析は重要な位置を占めるが、現象分析もまた表に出てくる。

たしかに、物理世界の因果的閉鎖性のテーゼと比べると、進化の議論は過去の一度限りのことがらであるから実証が難しく、推測が大きな部分を占める。そのため厳密な議論とはいいにくい面がある。しかしながら、物理世界の因果的閉鎖性テーゼも絶対確実なものとはいいかねる。私はもっぱら否定的な議論を展開する第一部の議論（とりわけ七章）で、このテーゼから当然に導き出される、意識の付随現象説について、そのいくつかの帰結が受けいれがたいものだということを示す。これはつまり物理世界の因果的閉鎖性テーゼの問題点を示している。つまり、因果的閉鎖性テーゼが進化論の議論に比べて優位に立つといいきれるわけでもないのである。

もちろん、本書で意識の謎を解く道を見つけたなどと、大それたことを主張するつもりはない。因果的閉鎖性のテーゼを決定的に退けることができるわけでもない。そのテーゼを退けるには、心が物質にどうして影響をあたえることができるのかというもっとも大きな問題の解答をあたえなければならない。本書の試みはこの問題に解答しようと企てるのではなく、その解明のために進むべき大まかな方向性の示唆にとどまっている。意識という並外れた難問を論じるに際して、現実の意識に即して議論することが、現実から遊離した奔放な思考による迷い道を避け、一歩でも先に進むための手がかりをあたえてくれるだろうと考えている。

第一章　意識は無用か

【一・一】意識は無用か――リベットの議論――

神経生理学者B・リベットは、『マインド・タイム』（B. Libet 2004.）において、彼自身の実証的研究にもとづき、意識の自由に関する衝撃的な見解を示した。

身体から脳への入力は脳で適切に処理され、行動等の形で出力として現れる。その処理には意識がともなっている場合もいない場合もある。リベットは、入力は脳に〇・五秒程度の活性化の持続を引きおこさない限り、入力刺激が意識化されるには至らないことを示した。リベットによればこの〇・五秒の活性化持続を必要とすることは、意識にのぼる情報をふるいにかけるためであり、こういう過程があることで意識は一度にいくつかの事柄だけに集中できるのである（MT, pp. 115-116／一三四―一三五頁）。ただ、この場合、刺激自体が〇・五秒持続せねばならないわけではない。〇・五秒は刺激を受けて生じる脳活性化の持続時間であり（MT, pp. 46-50／五三―五八頁）、この活性化は脳において直接計測できる。

しかしこの一方、〇・五秒の活性化をまつことなく、意識化されないまま脳での情報処理は生じている。その状態で適切な出力が返されることさえあるという。

リベットの説明例を借りることにする。車を運転している際に少年が飛び出してくるのを見て急ブレーキをかけたとき、少年が飛び出してきたと意識されるのは〇・五秒後である。しかしブレーキを踏む反応はその意識が生まれる以前の、目撃の〇・一五秒後からすでに始まっているという。このような、単なる脊髄反射ではない複雑な精神機能による行動が、無意識のうちになされている。だが、われわれはそれが無意識のうちに生じていることだとは気づかない。それは意識に現れる主観的時間感覚においては、意識がつねに自らの遅れをとり戻すような調整を加えているからである。その調整によって、少年を見てからブレーキを踏んだと主観的には感じられる（MT, pp. 90-91／一〇五―一〇六頁）（なお、このような調整は何も意識の時間的同期の場合だけになされているものではない。リベットはこれを、特定の体感覚の感知にかかわる脳の部分を直接刺激すれば、それが体表空間の感覚として調整されるというような、空間的な調整と同列のものとしてとらえている（MT, pp. 81-82／九四―九五頁））。

リベットによれば、私は少年を意識化する以前にブレーキを踏んでいるのであり、意識はブレーキを踏むその行為にかかわっていない。しかしながら主観的時間の調整があってその遅れが覆い隠されるため、私が少年に気づき、その意識にもとづきブレーキを踏んだかのように感じているのである。このように考えるなら、無意識のうちに行為は決定されてしまっていて、意識は行為を決定しているのではないことになる。意識は無意識の行うブレーキを踏む決断を傍観しているだけにも見える。

ただ、リベット自身は、「拒否権」という限定的な形でではあるが、ひとの自由意志介在の余地を認める（MT, pp. 137-138／一六一頁）。彼は原因となった刺激（飛び出す少年の姿）をうけて無意識のうちに〇・一五秒後に始まった身体活動（ブレーキを踏もうとする足への指令）が、原因となった刺激が意識にのぼってくるとき（目撃の〇・五秒あと）でも、なお中止できる時間的余裕があることに注意をうながす。その姿が少年でなく子供の描かれた看板だというようなことに私がすぐ、意識において気づいた場合は、ブレーキを踏めという足への指令を、踏む行動の前に中止できる余裕があるというのである。つまり行動開始の自由はもたないが、一種の「拒否権」を行使する自由はもつというのである。

しかしこの「拒否権」説に対しては反論も当然ある。リベット自身がその反論の可能性に気づいていることではあるが（MT, p. 147／一七三頁）、次のような反論が有力である。

彼の意識化についての議論を延長するなら、意識的に拒否権を行使することも、実はそれに先行する意識以前の過程における行動中断の判断が意識にのぼってきただけということになりかねない。その場合、「拒否権」を認めても自由意志は守れないのではないかという疑念が生じる。だとすれば彼の意図に反し、彼の説は決定論につながることになる。

これに対し私は、拒否権の問題に限らず、意識が決定に関与していないというリベットの議論そのものに疑問を感じている。というのももし意識がせいぜい傍観者だとするなら、動物の進化は何のためにこのような傍観者を作りだしたのだろうか。淘汰《とうた》はあくまで行動にかかわる。行動が生存に適していれば進化上メリットになるが、もし行動が意識により自覚される以前にすべて決まってしまっているなら、意識があっても何のメリットもない。何のメリットもないばかりか、意識が実現されるためには神経のさまざまな仕組みが必要だろうから、意識実現のための無駄な機構を維持するという生存上のデメリットもある。メリットなきそういう意識を自然が生み出したとも、また進化の歴史のなかでそれが淘汰されてこなかったとも考えにくい。

ではリベットの主張する「拒否権」については、進化上可能と言えるだろうか。しかし先述のように「拒否権」については進化上の問題とは別の点で疑問があるばかりではなく、リベットの実験が果たして自由意志の問題をとらえる適切な枠組みを示しているかという別の問題もある。この問題こそより本質的であり、この検討が先決であろう。

リベットが自らの実験で試している意志決定とは、すでにすべきことが決まっている動作（手首をまげる）の開始のタイミングを自ら決めて実行するということにとどまる（MT, pp. 125-127／一四六―一四七頁）。彼自身認めるように、これは「行動を実行しようという事前の選択や熟考とは区別せねばならない」（MT, p. 132／一五四頁）。こう述べているにもかかわらず、彼はこの違いを深刻にとらえているようには思えないが、深刻にとらえる必要がある。このタイミング決定を私たちの日常の実践において「自由意志」にかかわる場面全体と比べてみると、タイミング決定はごくごく貧弱な決定にすぎないと言える。通常の自由意志の行使において、私はいつ行うかというタイミングだけでなく、何を行うか、そもそも行うかどうかを決める。いまこの瞬間か、三秒後かというタイミングは、自由意志行使の全体のなかで大きな意味をもつものではない。行うと一旦決断したからこそ、今この瞬間か三秒後かに発動される――リベットの説によれば、無意識のうちに発動される――こともあるのであって、その先行する決断なしに勝手に発動されることはない（先述の自動車のブレーキをかける場合はどうか。これは少年を見て、その後にブレーキを踏む決断がなされるのであり、本段落冒頭の実験と異なり通常の自由意志行使の枠組みがそろっている。しかもここではブレーキを踏む無意識の「決断」が飛び出しの意識化以前に生じ、実行のタイミングも意識化以前である。しかしながらこの例（MT, pp. 90-91／一〇五―一〇七頁）は、明言はされていないものの、実験例でなく説明のための仮想例にすぎないようである。実際の実験は本段落冒頭の実験室内のものにとどまる。そもそも現実にこのような実験を行うのは危険でもあり、厳密な実験が可能とも思えない。したがって自動車の例で、無意識の決断が意識に先行していると実証されているわけではなく、私の議論への反証とうけとる必要はない）。無意識の役割があるとしてもそれはごく限られたものである。つまり、リベットの実験は、自由意志というにはほど遠い限定された枠組みのなかで問うているだけである。

仮にリベットの実験が経験的に正しく、しかもそれに加えてリベットが手放そうとしなかった行動直前の「拒否権」まで否定されるとしても、自覚的な意志としての私が奪われるのは、ただ行動実行のタイミング決定の自由だけである。D・C・デネットもリベットを批判して、行動方針決定と行動実行のタイミングの決定の差を指摘している（D. C. Dennett 2003, pp. 238-239／三三二頁）。たとえ実行タイミングの決定が無意識のうちになされるとしても、私はまだ自由意志をほとんどそっくり保持しているといえるだろう[1]。

被験者が実験に参加しようと決めたことや、実験者の指示に従って手首をまげようと決めたその決定も、無意識のうちに生じていると強弁されるだろうか。もちろん実際はそうではない。最初の決定については、実験への好奇心と当日の予定が空いていたという事情などを考慮に入れて熟考して決めたのだろうし、後の決定については、一旦被験者となると約束した以上、今さら断ることはできないという配慮などが、被験者が指示に従おうとした決断を動機づけている。これらは無意識のうちに生じるような思考ではない。意識は何をなすか決定できる。意識的な決定は直前の「拒否権」だけにとどまるものでもない。

先述のようにそもそも、意識が自由な意志決定の能力をあわせてもっていないなら、私にはそういう意識をもつ生存上のメリットがないことになり、意識の存在理由が謎となる。何のために自然は私に傍観しかできない意識をあたえたというのだろうか。実際はそうでなく、意識は意志決定の自由をもち行動を左右でき、生存可能性がそれによって高まったから、生存競争を勝ち抜いてこの世にあるのである。

＊　＊　＊

ただしここまでの議論では、まだ意識が実現する自由な行動というものが、具体的に明らかにされていない。進化の文脈で、意識以前の動物のあり方と対比しながら、もう少し具体化してみよう。

カエルは動く小さなものを見つけるとそれに向けて舌を伸ばす。これはもちろんエサをとるための適応的な行動である。こういうレベルのロボットなら作ることもそれほど難しくないだろうが、このロボットには入力用のビデオカメラとカメラからの情報を処理し出力に結びつけるコンピュータ、「舌」に代わるものとそれを動かす機構は必要だが、意識を間にはさむ必要はない。意識が介在してもそれ以上うまくできることもないだろう。つまり、認知入力とそれにもとづく出力を実現するためだけなら、意識は不要である。

カエルが意識をもつのか否か確定的なことは言えないが、意識をもたないと仮定しても矛盾があるわけでないので、議論の都合上、カエルは意識をもたないと仮定して論じてみたい。カエルの視覚入力処理の例で考えてみたい。小さな動くものが視野に入ってきて動いたり止まったりすると、虫と認識されたのだろう（J. Y. Lettvin et al. 1959, p. 1951.）、捕食行動につながる。また、視野全体が暗くなると――これが自分より大きな捕食者が来たしるしなのであろう――逃避行動に出る（塩入諭、二〇〇五年、三頁）。ふたつの入力情報はそれぞれ別の出力に結びつく（ただしこれは、それぞれの経路が基質的に独立しているということを必ずしも意味しない。同一の神経経路がふたつの入出力経路を担うことは十分可能である）。それぞれは固定した入出力経路なのである。ここに意識が介在する必要はない。介在するメリットがあるとすれば、入力に対する出力を変えて、固定的入出力がときどき陥る状況不適合を回避すること、あるいはさらにより適合的な出力を実現することである。つまり、先に私が現実の意識の核心をなす役割とみなした、自由な行動を実現することである。そのメリットがあるため、進化の過程のなかで意識は生まれ、生きのびてきたのである。したがって意識は、仮想的な論理においてはいざ知らず、動物においては自由な行動実現と不可分である。つまり、意識の核心は自由意志だと言ってよい。

意識を単に内面的なものと考えてはならない。たしかに人間意識を行動能力と切り離して考えることはできるし、行動能力を失いながらも意識を保持している患者も、単なる哲学者の空想でなく実際にいるという（「閉じ込め症候群」）。しかしながら、このような状態などすべての意識のヴァリエーションを含む「普遍的な」意識像によって意識を考えることは、動物の機能としての意識の本来のあり方を歪めることになる。むしろわれわれはつねに意識を自由な行動の実現という典型的かつ本来の機能と切り離さずに考えなければならない。伝統的に意識の核心的機能として理解されてきた表象機能も、あくまで自由な行動出力を可能にする入力として理解されねばならない。表象されるものとは、私にとって可能的な働きかけの対象であり、あるいは私に襲いかかるなど、私へとかかわってくるかもしれない対象である。そういう対象は私にとって利害関係にあるものであり、それに私は関心をもたざるをえない。つまり、意識にとって表象はこのような対象を私に告げるものである。一方、私が一切の関心を欠くとき、表象は無意味である。私にとり表象が伝える世界のあり方はどうでもよいもので、そこから危険が迫ってくるという情報がもたらされても、逃げようとはしないだろう。こういう意識は自由な行動を実現する生存のための機能を果たさない。しかしこういう意識は傷病《しょうびょう》などの結果としては可能でも、意識がその機能を果たしている本来の姿ではない。

【一・二】ゾンビ論証

前節の、意識の進化上の意義に注目する議論を適用すれば、意識を論じるときによくもちだされるゾンビ論証にも疑いが生じてくる。ゾンビ論証にもとづいて意識について論じたチャーマーズの『意識する心』（D. J. Chalmers 1996.）の議論を見てみたい。彼の議論は「心の哲学」の立場からの代表的意識論のひとつといえよう。彼もリベットと同様に意識の無用性について語るがゆえに、私の批判の対象となる。

チャーマーズはまず意識をふたつに区別している。そのふたつとは「心理学的意識」と「現象的意識」である（CM, p. 11／三三頁）。[2]

前者は「気づき」（awareness）とも呼ばれるが、心理学的な心的概念とは「行動の因果的な基盤、あるいは行動の説明上の基盤としての心的概念」（同所）だという。環境から情報を得て、それにふさわしく対応するのは、この心理学的意識の役割である。赤信号を見て私は立ち止まる。それは心理学的意識が信号が赤であることを認識し、その認識にもとづき立ち止まるよう指令したからである。「この観点にもとづけば、われわれの心的状態は機能的に分析できる。つまりそれが実際にあるいは典型的に、心的状態の原因である、ないし結果である、という用語で分析できる。」[3]（CM, p. 15／三七頁）

チャーマーズは物理世界の因果的閉鎖性を認める。序で見たようにこれは物質が精神といった物質とは別のものによって因果的影響を受けることを否定し、物質の世界はそれだけで完結閉鎖したものだと考える立場である。この立場を科学者のほとんどすべてと多くの哲学者が支持している。

この立場に立つ（CM, p. 150／一九四頁）チャーマーズは、意識が因果的役割を果たせるとは考えない。しかしこれは行動の原因と見なされた心理学的意識の定義と矛盾しないであろうか。彼は心理学的意識は「意識」という名がついているものの、むしろ物質的なものの側、物質の機能として理解する。そのかぎり、どうして物質が心理学的意識を生むのかという問題は、「どのようにして物理システムのある状態が、しかじかの因果的役割を演じることができるのか」（CM, p. 24／四八頁）という問題とおなじものである。ロボットでたとえてみよう。ロボットは環境からの入力に応じ、何がふさわしい行動出力かを内蔵コンピュータで計算し、そういう出力を返す。この計算はコンピュータの物質機構に担われてその機能として生じる。心理学的意識とはこのコンピュータの働きになぞらえて、環境入力を行動出力に因果的に結びつける機能として理解できる。しかしこれはコンピュータで再現可能であるところから明らかなように、結局は物理世界内部の問題である。このようなものとしての心理学的意識は、実は心身問題の核心にはかかわらないという。心理学的意識と物質の関係の説明は大きな困難を含むものではない（そのため「イージープロブレム」と称される）。

本当に難しいのは因果とかかわらない現象的意識がどう物質と関係しそれから生まれるのかという問いの説明だという（この問題が「ハードプロブレム」と呼ばれる）（CM, p. 25／四九頁）。というのも、現象的意識は心理学的意識と大きく異なるものだからである。こちらが強い意味での心、意識と呼ぶにふさわしいものだからである。

現象的な心的概念とは「意識体験としての心についての概念」（CM, p. 11／三三頁）である。赤信号を見たとき、青信号の場合とは異なる赤の感じを経験する。また同時に、信号の形状や私の周りの道路の様子についての視覚的経験をもつ。その経験をもつのが現象的意識である。しかしながら、環境を認識し、それにふさわしい行動をとることに、何らかの経験――現象的意識において現象内容を感じること――が介在する必要があるだろうか。ロボットに色の違いを認識させ、その違いに応じて別の行動をとるようにプログラムするとする。そのロボットは当然、意識――現象的意識――をもたないだろうが、しかし現象的意識による経験なしで一種の認識にもとづき出力（行動）する。認識を因果的に出力に結びつける、最初に述べた心理学的な概念だけで、その機能はすべて説明できる。

「何かが、それに結びついている経験がなくても因果上の役割を演じることができるだろうということは、概念的に首尾一貫した可能性である」（CM, p. 15／三七―三八頁）[4]。だとすれば私とまったくおなじ物理的組成をもつ者が、意識だけを欠き、しかも私とまったくおなじように赤信号で止まることも論理的には可能だろう（CM, pp. 99-100／一三五―一三七頁）。

このように考えると、人間の行動は、現象的意識をもたない者にも実現できそうである。こういう存在が「ゾンビ」と呼ばれる。哲学者が語る「ゾンビ」とは、元々の語義のよみがえった死人のことでなく、人間とまったくおなじ物理的組成をもち、第三者の目には意識のある人間とおなじように行動しているが、実は現象的意識を欠いている仮想的存在のことである。チャーマーズはゾンビは心理学的意識はもっているという（CM, p. 95／一二九頁）。世界のできごとを認識し、私とおなじように反応できる。しかし赤信号の赤を認識し、それに反応して立ち止まっても、その赤の感じを経験することはない。

現象的意識だけを私から取り去ったゾンビは現実には可能と思えないが、論理的に可能なように思える。私の身体機構をもてば、必ず私のような心理学的意識が生じるだろう。心理学的意識は身体機構の機能として説明できる。しかしながら私の身体機構をもてば、かならず現象的意識が生じるということはいえそうにない。もし身体と現象的意識の必然的なつながりが語れるなら、物理的なものが現象的意識を必然的に生むことになるが、必然的とは思えないとチャーマーズは述べる。こうして、ゾンビが論理的矛盾を含まず論理的に可能な存在であるということを根拠に、現象的意識が脳、身体など物質的なものに還元できない、独立した存在をもつものであると主張される。

ただ、「現象的意識」と「心理学的意識」はひとつの入力を処理するふたつの経路だというわけではない。意識にふたつあって、ゾンビにはそのうちのひとつが欠けているという話でないのである。外界からの入力・認識・行動出力の過程はひとつであり、そのひとつの過程に現象面と心理学的機能の面とがある。行動出力に現象面はかかわらないものの、認識は心理学的意識と現象的意識の両方が、両面をなしてかかわる。つまり認識は入力の処理、分析の面と、認識の現象的経験の二面がある。おなじ入力を処理する過程で、現象的経験が欠けているのがゾンビである。

物質と心理学的意識の結びつきについては因果的な仕方で説明できるが、現象的意識は心理学的意識の働きに、たとえば認識に伴う必然性などなく、それゆえ現象的意識を心理学的意識から導き出すことは容易とは思えない（先述の「ハードプロブレム」）。こういう議論で、難問は現象的意識に集約されるのである。

以上のような彼の見方は、意識（とりわけ現象的意識）を物質に還元できない独自のものとして確保する一方で、現象的意識を行動と切り離して見る傾向を含んでいる。それゆえ私が前節で意識にとって核心的なものととらえた意志の役割が現象的意識から切り離され、現象的意識は行動にかかわらない孤立したものにされてしまいかねない。この点に注目して、本節、次節では彼のゾンビ論証を検討し、そのことを通じてわれわれの意識についての見方を深めてみたい。

もちろん、ゾンビが本当に論理的に可能か、そう思えるだけかは大いに疑問の余地があるし、実際哲学者の間で多くの論争がある。私も序で述べたように「論理的可能性」に頼る議論に大きな疑問をもっており、ゾンビが論理的に可能だという主張に納得しているわけではない。しかし本書でチャーマーズを論じる際にこの点は争わず、「ゾンビは論理的に可能」という主張を受けいれた上で議論したい。

本書で私がめざすのは、人間を含む動物がもつ現実の意識を中心に据えて、意識のあり方についてとらえなおすことであり、特に進化の問題がそのひとつの手がかりになる。だが、チャーマーズは、意識について考える際に生物進化の問題を考慮することはあまり意味がないと否定的にとらえる。というのも彼はゾンビを、現象的意識を欠いているほかは外見も行動も脳の細部の働きも人間と変わりなく、客観的には両者を区別できないものと定義するからである。この定義によるならゾンビと人間では生存確率も変わりなく、進化上の淘汰圧もおなじであったはずだろう。チャーマーズはゾンビと人間に生存上の差がない以上、進化には現象的意識の役割は反映されず、そのため進化に注目しても現象的意識の解明の役に立たないと論じる（CM, p. 120／一六〇頁）。

彼によればゾンビが論理的に可能であることが、物理法則から意識（現象的意識）が導き出せないことの根拠である（唯物論はこうして否定される）。もし、逆にゾンビが論理的に不可能で、その結果として人間とまったくおなじ身体をもつ存在には現象的意識が必然ということになるなら、物理法則が現象的意識をも説明できることになるだろう。したがって実際にそうではなくゾンビの論理的可能性があることが、現実のこの宇宙での物理法則と現象的意識の決定的な懸隔《けんかく》を示しているという。

両者の懸隔を埋め、物理法則が支配する物質から現象的意識を導き出すには、物理法則に還元されないもうひとつの何かが必要である。チャーマーズはその架橋を果たすのは物理法則に還元されないひとつの自然法則だという（CM, p. 124, p. 161／一六六、二〇七頁）。これは論理法則でないから、この宇宙でたまたま成りたつ（物理法則とは別の）自然法則である。だからこそおなじ物理法則にしたがうもうひとつの宇宙では、この特別な自然法則が成りたたず、つまりこの宇宙とおなじ物理法則にしたがうおなじ物質（私の身体）がそろっていてもそれが現象的意識を生み出さないゾンビだということもありうるのである。一方、私たちのいるこの宇宙では、両宇宙共通の物理法則に加えてこの宇宙だけに妥当するある特別な自然法則があって、それにより、人間とおなじ身体機構を備えていれば人間と同様な現象的意識が生じる。この宇宙にはゾンビはいない。だからこの世界で、ゾンビと人間とが生存競争を演じることはない。先述のゾンビと人間の進化上の比較も、ふたつの宇宙間の比較――先述のように行動上、進化上の差異がないという結論に至る比較――としては可能でも、私のいるこの宇宙のなかでの比較としては不可能である。

【一・三】「擬似ゾンビ」と人間の生存競争

この点までチャーマーズの議論を受けいれるとしよう。たしかにゾンビ宇宙のゾンビと人間宇宙の人間とを現時点で比べるだけなら進化論上の差はないかもしれない。しかしゾンビそのものでなく、ゾンビと少し違ったものを想定してみれば、その帰結の不合理さから、行動と意識を切り離すゾンビ論証そのものの問題点が明らかにできると私は考える。以下に見ていこう。

常識的に考えるなら、現象的意識も含め、意識の実現にはそのための身体機構が必要と思われる。

それは脳の一部であろう。あとで見るようにチャーマーズは意識のために特別の身体機構は必要ないというが、まずは彼とは反対に、一旦、常識にもとづいて、現象的意識実現のために脳（の一部分）が必要だという仮定に立って考えてみたい（彼の立場をふまえた議論はその後に行う）。その上で次のような仮想を行ってみたい。

この宇宙には現象的意識をもった動物が多くいる。たしかに心理学的意識が第三者的に確認できるのと異なり、現象的意識は一人称的にしか確認できないが、他人や他の動物の心のなかに入ることはできないから、ほかに現象的意識の持ち主がいると絶対の確証をもつことはできない。しかしながら、私だけが現象的意識をもつということは不合理だし、ほかの動物についても、進化の経緯を考えれば少なくとも人間に近い動物においては現象的意識をもつものは数多いと思われる。さて、もしこの現状において、意識ある動物から現象的意識を実現する脳の部分だけを欠いた個体が何らかの偶然で生まれたらどうなるか想定してみよう。チャーマーズは現象的意識なしでどんな行動も実現可能だというが、彼のこの前提については認めることにしよう。その限り、現象的意識が欠如しても、行動はおなじでありうる。そうだとすると、行動面では同種の動物とおなじだが、現象的意識と現象的意識を実現する脳の部分だけ欠けている動物がいることになる。こういう想定は――現象的意識なしでも現象的意識をもつ動物とおなじ行動が可能というチャーマーズの考えを認めるなら――それほどありえないことではない。意識を生む身体機構が遺伝的欠損により欠ければよいだけだから。

もちろん私の想定している現象的意識を欠いた動物は、定義上「（元の意識をもつ動物の）ゾンビ」と呼べない。ゾンビは身体機構がまったくおなじでなければならないが、今論じている現象的意識欠損動物は身体機構が異なるからである。したがってこれを「擬似ゾンビ」と呼ぼう（身体（脳）部分が欠けているということでなく、脳の物理的活動のうち現象的意識を生む活動だけが欠けているということでも構わない。現象的意識のためだけの専有部分はないかもしれないから、こちらの方がより現実的な想定かもしれない）[6]。だが、その欠損動物（「擬似ゾンビ」）と元の現象的意識をもつ動物では、行動はまったくおなじだから行動面での生存適合性はおなじはずである。しかしながら、あらゆる点でおなじというわけでない。「擬似ゾンビ」の方が意識を生む身体機構ないし神経活動が必要ないだけ身軽であり、その分、生存可能性が高い。そのため「擬似ゾンビ」が元の現象的意識をもつ動物との生存競争に勝ち残るはずである。定義上の「ゾンビ」との生存競争ではないが、「擬似ゾンビ」との生存競争に負け、元の現象的意識をもつ動物は駆逐されてしまいそうなものである。しかし現象的意識をもつものとしてこの私がいるという事実を根拠に判断すれば、実際には少なくとも人間については擬似ゾンビに席巻されてしまうことはなかったようである。また、おなじことは進化上人間の祖先にあたる動物たちにおいてもいえる。間違いなく人間以前から現象的意識は存在しただろうが、進化の過程で人間まで現象的意識が継承されてきた以上、人間に至る系統の動物たちにおいて、その動物の「擬似ゾンビ」によって元の現象的意識をもつ動物が駆逐され、人間に至る途中で現象的意識が消滅するという事態は一度としてなかったようなのである。

どうして現象的意識をもつ動物が駆逐されなかったのか。もし現象的意識に頼らず現象的意識をもつ動物と同様の行動を実現するということが、チャーマーズが想像するほど容易なことなら、前述のように現象的意識だけを欠く欠損動物が生まれることはそれほどありえないことではあるまい。駆逐はきっと生じたことだろう。だとすれば、現象的意識が駆逐されなかったということの事実は、現象的意識に頼らず現象的意識をもつ動物とおなじ行動を実現するということが、チャーマーズの想像している以上に困難であることを示唆している。現象的意識は（現象的意識をもつような高次の動物固有の高次の）行動実現のための条件といってよさそうである。もちろん、現象的意識がなければこういう行動が論理的に不可能だという論証までできたわけではまったくないけれども（序で述べたように、論理的可能不可能を問うことはそもそも私の意図ではない）。

そして本章一節の議論をふまえるなら、現象的意識を必要とするような高次行動の「高次」性の分水嶺となっているのは、自由意志の介在だと推測できる。その上、今見たように、ゾンビの前提となっている現象的意識なしでの高次行動の実現は――そしてまた「擬似ゾンビ」も――もしかすると論理的に可能なのかもしれないが、その場合でも高等な動物の現実においては非常に難しいものであることが想定される。

つまり、論理的可能性のレベルではいざ知らず、少なくとも現実のこの宇宙において、現象的意識の存在意義は自由意志の行使に何らかの影響をあたえることである。行動への影響なしでは、現象的意識が存在する生存適合性上の意義はなく、そのためのコストを顧みずに現象的意識を維持してきたはずがない。それゆえわれわれは、自由意志による行動を認めないのは現象的意識を考察する上で戦略的に得策でないと考えることができる。そして現象的意識とは先述のように、現象的意識をもたない場合よりも生存に益しているはずのものである。生存に益するのは現象的意識が自由意志に影響を及ぼし動物の行動をより生存にとって好適なものに変えられるからである。ただ、チャーマーズの議論では意志はひとつの機能であるから現象的意識でなく心理学的意識の管轄である（本節で後述）。だから現象的意識自体が意志を行使するのではなく、現象的意識は心理学的意識の機能である自由意志を介して行動に何らかの影響をあたえているということになるだろう。だとすると現実の現象的意識にとり自由意志は不可欠の随伴物——現象的意識自体が意志をもつのではないから「随伴物」である——ということになる。現象的意識なしでも人間と同様の活動が可能だというチャーマーズの前提には疑問が生まれる。

右に述べたのと同様のことは、人間に至る進化の過程で現象的意識をもつ動物が現象的意識を失うという、私が空想した局面だけでなく、逆の、人間に至る動物が現象的意識を身につけてきた進化の過程においてもいえる。進化の歴史のなかで、現象的意識をもつ動物はそれをもたない動物から生まれてきて、そのときに現象的意識実現のための機構をもつようになったのは確実である。しかしもし現象的意識の有無が行動を変えず、生存のために何のプラスにもならないなら、どうしてそういう機構の維持のための犠牲を進化が許したのか。むしろ進化は同じ行動を実現するがそういう機構を欠いた動物（元の「擬似ゾンビ」）を残し、現象的意識をもつ同様の動物を淘汰するはずではなかろうか。こう考えると行動実現に何の役割も果たさない現象的意識が進化のなかで生まれてきたということは認めがたい。現象的意識をもつ動物が今いる以上、現象的意識は行動にその適応のための効果が表れるような何かの働きをしているはずである。

つまり、現象的意識はそれがあることで適応を高める行動を可能にしており、「私の行動はすべてが現象的意識のないゾンビ——チャーマーズのゾンビ——でもできる」というわけではないはずなのである。

　現象的意識は行動に影響を及ぼし生存適合性を高めることによらねば存在意義を欠き、進化を勝ち抜いてこられなかった。それゆえ現象的意識は何らかの形で心理学的意識の行う意志行使に影響し（すべての選択に影響する必要はもちろんない）、生存適合性を高めているのでなければならない。具体的にどういう方法でこういうことが実現されるのか、それは次章以降で検討するが、こういう要求を満たす機構が意識には必要である。

＊　＊　＊

　さて、本節のここまでの議論は、「現象的意識実現のために特別の脳の機構が必要だ」という常識的な前提に立つ議論である。しかしこの前提自体を受けいれない立場もありうる。そもそもチャーマーズは、人間と現象的意識を欠くゾンビとを物理的におなじものと定義するから、上記の前提にもとづいていない。以下、現象的意識実現のためには特別の脳の機構が必要なわけではないという立場からの議論を眺めてみたい。

　チャーマーズは現象的意識のための特別の脳機構はもともと不要で、そういう脳機構なしで人間は現象的意識をもち、ゾンビはおなじ条件で現象的意識をもたないと考えている。彼は現象的意識が特別な仕組みも必要とせず、情報があるところ現象的意識があると考える、一種の汎心論（CM, p. 298／三六六―三六七頁）をとる。「あらゆる情報は経験と結びつく」（CM, p. 293／三六〇頁）（直前の「経験」とは意識すること、現象的意識の経験である）。サーモスタットもごく単純ながら情報処理を行っているので、そこに経験があるという（CM, pp. 293-294／三六〇頁）。[7] 彼の考えでは、世界は現象的意識であふれているといえよう。情報が現象的意識をともなうということの原則こそ、先に触れた、現象的意識を可能にする、物理原則に尽きない自然法則の骨格をなすものである（CM, p. 286／三五二頁）。

もしチャーマーズのこのような議論を認めるなら――認めることは容易ではない。容易ではないと彼自身も認めている（CM, p. 293／三六〇頁）――、現象的意識のために特別な脳の仕組みは必要ないことになる。そうだとすれば、ゾンビと人間の両者の生存上の差異は生まれない（だから前節終わりの方で触れたように、チャーマーズはゾンビも現象的意識をもつ動物も、進化上差はないということができる）。したがって私が右に示したような、人間と同じ行動をする現象的意識不在者（「擬似ゾンビ」）が可能なら「擬似ゾンビ」ばかりになっているはずだというチャーマーズ批判の論法は成りたたないことになる。

しかしながらチャーマーズの前提は、とても軽々に受けいれられるものではない。汎心論に対する直観的な違和感は問わないでおこう。それ以外にも問題は残る。まず肝心の概念である「情報」があまりに曖昧と言わざるをえない。

「因果関係が見いだされるところすべてに情報は見いだされる」（同所）とチャーマーズはいう。しかし、情報は必ず因果という客観的なものに関係づけることができるものだろうか。むしろ逆に、情報は、それを読みとる主体に相対的なものである。私は川の水量という情報から、上流のダムで放流があったという情報をさらに読みとることができる。しかしそれができるのは私が上流のダムがたび たび放流され、そのとき川が増水することを知っているからである。誰でも川の水量を見て放流という情報を見てとることができるわけではない。手紙に描かれた複雑な黒い線からその手紙をしたためたひとの意図という情報を読みとれるのは、手紙の文字が読解できるひとだけである。また、あるひとから手紙が来ないということは客観的にはそのひととの因果関係の不在であるが、そのことから私は相手が私に不快感をもっているとか私を軽視しているという情報を読みとることができる。情報はこのように主観的な要素を含み、客観的因果や客観的事実から乖離《かいり》することもある。だとすれば、そこに情報があると言えるか客観的に確定できるものではなく、それゆえ現象的意識の有無についても客観的に語れなくなる。このことは問題ではないのだろうか（情報を情報と認めるためには解釈者が必要だというわれわれの議論については、J・R・サールもこの種の反論をチャーマーズに向けている（J. R. Searle 1997, p. 176, pp. 205-206／二一一頁、二四一頁））。

　また、右のような事情なら、因果関係のうちに「情報」を読みとる主体の解釈に、情報が依存することになる。しかしその主体とはまさに意識ではないのか。つまり、チャーマーズは情報に意識の源泉を求めながら、その情報を情報と認める意識を、さらに情報の前に想定せざるをえなくなる。もしその情報を情報として認める意識がその情報から生まれるはずの意識だとしたら循環が生じてしまう。したがって、前者は後者とは別の意識なのに違いない。しかしそうなら、別の意識の判断に応じて、当該の意識が生まれたり生まれなかったりすることになるのだろうか。また、私の意識は無数の情報を集めているが、この点も説明が難しい。情報が意識を生むならそれぞれの情報がそれぞれ別の意識を生むと考えることは容易だが、諸情報がどうしてひとつの意識を生めるのか。脳という物質への諸情報の集結を理由付けに使うことは、空間的な近接性や接触が情報としての接触とおなじではないので説得力に乏しい。情報を意識の源泉と認めることは困難である。[8]

ここに見たチャーマーズの議論は、その当否は別として、現象的意識の情報との関係を現象的意識の唯一の存立条件とみなすことで、現象的意識にとって情報との関係を本質的だととらえている。彼は、情報を受けとるものとしての役割という、意識の経験の側面を現象的意識の本質と見ている。しかしながら意識——現象的意識と心理学的意識をあわせた意識全体——には、こういう情報経験の役割に並んで行動を選択する意志としての役割があり、私は本章一節ではその重要性を指摘した。これに対しチャーマーズは、ゾンビ論証を起点に現象的意識と行動を切り離した——ゾンビは現象的意識がなくてもひとと行動はおなじである——点だけでなく、今見たように情報経験を現象的意識の本質とみなす点でもまた、現象的意識において経験の役割を偏重し、行動にかかわる役割を軽視しているのである。しかし、意識全体を動物のもつものとしてとらえるなら、生存に直接かかわる行動との結びつきを無視するわけにはいかないはずである。たしかに現象的意識は、その定義上、それ自体が意志を行使するのではなく、行動につながる意志行使は心理学的意識の管轄ということになろう（CM, p. 27／五一頁）。しかし現象的意識は何より行動を導く意志形成のための情報をあたえるものである。だから情報受容が現象的意識抜きで行動につながるような「下等」な動物——情報あるところ意識（現象的意識）ありというチャーマーズはこういう動物を認めないだろう（CM, p. 246／三〇五頁）が——に並んで、現象的意識をもつ動物がいるのも、その現象的意識によって生存により適した行動を選択、実現することができたためである。

たしかに名目上は、彼においても心理学的意識に意志の機能は認められている。しかし彼は物理世界の因果的閉鎖性に立脚しているから、その「意志」は本当の意味での自由な意志ではなく、物質の秩序で決定されたものにすぎない。自由であるかのごとく意志決定するだけなのである。現象的意識における情報経験の偏重と今確認した自由意志の否定のため、心理学的意識から本当の意味での意志が剝奪される。彼は先述のように物質的なものと心理学的意識の関係付けを、「イージープロブレム」と称しているが、これはまさに意識から本当の意味での自由意志を剝奪したから可能な評価である。もし真に意志を認めるなら、物質と現象的意識との関係以前に、物質と心理学的意識の関係においてすでに、古来哲学者たちを悩ましてきた心身問題の核心、自由意志とそれによる身体＝物質の作動という問題が現れていることを認めざるをえなかったはずである。

　情報経験に偏《へん》したチャーマーズの意識観も、やはり彼が現実の意識の分析を元にとりだしたものであろう。そこから彼は意識の普遍的、論理的本質へと迫ろうとしたのである。しかし、彼の出発点にあった現実の意識についての理解が情報経験に偏っていたのである。

　要するに、論理的なもの、普遍的なものへと迫ろうとするためにも、出発点であるこの現実を掘り下げることが必要であり、それを怠れば偽りの普遍を普遍と僭称《せんしょう》するだけにとどまる。高い建物はその分深く地中まで柱を打ち込まねばならない。現実の動物の意識こそ、まず解明すべきものである。普遍的な意識のあり方を語れるかどうか、私は懐疑的であるが、普遍的な意識のあり方が語れるとしても、それはこの現実の意識を深く探究した者だけに可能であることはまちがいない。

【一・四】意識が行動に影響しないとするとどうなるか

私は、現象的意識は行動に無縁とみなせないと論じてきた。この理由をさらに付け加えて示しておきたい。

現象的意識の内容が行動に無縁であるなら、快苦をはじめとする価値的な意味をもつ現象の説明はつかない。もし真の意味での自由意志を認め、意識が物質へ因果的に働きかけられるとするなら、快苦の現象――もちろんこれは現象的意識に現れる――は私をうながし、快の持続、苦の回避を実現するような意志を形成させ、それにもとづいて身体が行動を実現すると考えられる。しかしもし快苦が自由意志を介して行動に働きかけられないなら、快苦その他の価値的現象を生み出す生物学的効用が見いだせない。

ここで改めて前節でのチャーマーズへの批判をさらに展開できる。一旦、彼の考えにそって、快苦の現象が行動に関係なく、それゆえ生物としての適応に影響ないとしてみよう。その場合、現象的快苦がどうであろうとそれと無関係に、心理学的意識が利益をもたらすものへの接近と危害を及ぼすものからの回避をうながせばそれで済む。適応に影響ないなら、現象面で現在と逆の感じ方をすること――危害を及ぼすものに快を感じ、利益をもたらすものに不快を感じること――も十分ありうることになる。適応に影響ない事柄については、進化論的には偶然だけがそれを決めるのだから、現在の快苦のあり方も、その逆も、どちらもおなじだけの確率で可能だったはずである。

人間が快苦を感じるものはたくさんある。血中の水分が減ったときの飲みものは快さをあたえ、多くの有毒物に不快な味を感じる。疲労時や熱があるときには不快感があり、ケガの痛みも不快である。このような、それぞれ独立な快苦現象のほとんどすべてが、生存上の適応行動をうながすような仕方で感じられている。それぞれ独立だから、もしこれらが本当は行動に働きかけることができず生存適合性をもたないなら、それぞれについて、現在のような快苦のあり方も逆もおなじ確率で可能だということになる。だとすれば、実際にそうであるようにほとんどの快苦がそろって生存上の適合性をうながすようになっているのは、偶然の一致ということになる。これは信じられないほど低い確率のことがらであろう。とても事実と思えない。逆にそれぞれの快苦が行動に働きかけ生存適合性を増しているのだとすれば、この一致はまったく当然の帰結である。

　付け加えていえば、心理学的意識の事象は現象的意識に対応物をもつが、仮にその現象的意識が行動に何の影響も及ぼせないなら、対応があるようになっていることに何の効用もない。にもかかわらずどうして対応して現象するようになっているのか。心理学的意識の事象すべてが現象に対応物をもつわけでもないから、現象は必然ではない。しかし、多くの事象が現象的意識に現象する。無駄にこうなっているのはどうしてか。例外的にいくつかが現象するだけなら適応性以外に何らかの理由があったのだろうと考えることもできるだろうが、多くの事象が現象しているから、そういう言い訳も通用しそうにない。

　なお、快苦を逆に感じることはありえず、快苦は行動に影響せざるをえないという私の右の議論と同様のことをD・コールが述べている（D. Cole 2002, pp. 56-57.）。しかしながらコールの議論は、現象する性質が行動に影響を及ぼさないという説を批判するため、快苦が逆転しても行動が変わらないなどということはありえないということを述べようとしている。行動が変わる以上、行動への影響は否定しがたいというのである。一方、快苦逆転についての私の議論は、直接現在の行動への影響を論じるのではなく、進化論的な観点から論じている。この点が違うし、また、コールの議論自体もあまり説得力をもつように思えない。[9]

　心理学的意識と現象的意識の対応関係について、チャーマーズは両意識の「構造的整合性(structural coherence) 原則」(CM, p. 222／二七八頁)[10]という概念で説明している。これについても検討しておこう。構造的整合性原則は両意識の対応関係を語る。先述の「有毒物」の例のひとつとして、酸味で考えてみよう。酸味は腐敗物に生じる味だから、動物や幼い子供は食物に酸味を感じるとその食物を忌避する。心理学的意識は酸を認識して食べるなという指示を出しているわけなのだろう。食物中の酸を検知し酸がある場合には食べないロボットを作ることも原理的には難しくないだろう。しかしロボットは酸味がどういうものか、その感じは経験しない。心理学的意識単独でも同様である。それゆえどちらも酸味の忌避感など価値感情ももたない。しかし人間の場合、酸を心理学的意識が認識するときだけ、現象的意識が酸味の感じを経験するという対応関係が成りたつ。対応はこれだけでなく、酸が強いと認識するときに酸味の感じも強くなるなど、構造的と言っていい対応関係が見られる。このような両意識間の関係をチャーマーズは「構造的整合性」と呼ぶ。

　しかしチャーマーズの考えるように現象的意識が行動に何の影響も及ぼせないなら、どうしてこのような対応が成りたつのか疑問が生まれる。現象的意識が酸味を忌避しようが、快く感じようが、心理学的意識が酸味を正しく検知、認識し、回避行動をとれば、適合的に行動できる。このように、構造的整合性が成りたたなくても生物の適応的生活に支障はないはずだから、どうして成りたつかその理由が説明できない。彼は構造的整合性について、それ以上の説明をあたえず、説明があたえられないと認めている。彼はこう語る（なお、次の引用の「気づき」は「心理学的意識」の言い換えである（CM, p. 28／五二頁））。

「気づきの構造を記述してもそもそもどうして何らかの経験が伴うのか説明できるものはまったくない」（CM, p. 235／二九二頁）。説明できないのはまさに「まず気づきの構造の記述がどうして構造的整合性原則が成りたつのかを説明できないこと」（同所）が理由だという。このように、この原則は説明できないひとつの事実のように語られるが、彼の立場からはそう語らざるをえないのである。しかし一旦彼の立場を離れるなら、構造的整合性は生存上の利益のためにあると、ごく当たり前に説明できる。現象的意識への現れが何らかの形で行動決定の手がかりになり、生存適合性を高めているのであろう。

＊　＊　＊

なお、彼と同様に現象的意識から意志を介して物質へと影響する因果を否定するが、しかし彼のように情報が現象的意識を生むというかなり受けいれにくい論議に頼らない論者もいる。たとえばZ・ロビンソンら（Z. Robinson et al. 2015, pp. 365-383.）は、現象的意識は何かの役割を果たすわけではなく、一種の「スパンドレル」（建築物の飾り）のようなものだという。現象的意識はその果たす何かの機能ゆえに進化において選ばれてきたというのではなく、スパンドレル、もう少し詳しく言えば「副産物」か「進化上の偶然の産物」かもしれないという。

「副産物」という場合、脳活動の副産物と考えられている。脳は心理学的意識のために必要な器官であり、心理学的意識は行動に役立つから、それを生む脳も、その活動も当然ながら適応価値をもつ。ところが副産物として、適応価値をもたない現象的意識が生まれたというのである。副産物の場合、主たる産物が適応価値をもつのに対し、適応価値をもたないだけでなく、むしろ適応面では生存の妨げになるものの可能性もある。しかし主たる産物の生存価値がそのマイナスを補って余りある場合、主たる産物の価値を求めて副産物のマイナス面をやむをえず受けいれることもある。

「進化上の偶然の産物」というのは、たとえば（Robinson et al. 2015, pp. 371-372.）血液型や目の色はどの型でもどの色でも適応的に差はないが、集団のなかでの遺伝的偶然によりある型、ある色が支配的になったりすることである。おなじように現象的意識も行動に影響できないから、適応価値はなくても偶然で人間の間に広がったものと考えられる。現象的意識の起源に関するこのような考え方は、情報すべてが現象的意識を生むから現象的意識はあるのだというチャーマーズの考えよりは受けいれやすいといえよう。

たしかに、意識にかぎらず何かの器官や機能が動物にあるとしても、それが生存に有益なものだとは限らない。前記のような副産物や進化上の偶然の産物など、役に立たないかかえって生存の妨げになるものかもしれない。進化の観点から考えようとすると、意識が生存上有効な働きをなしていると思われがちだが、必ずしもそう決まったわけではない。本章の議論との関連で言うなら、現象的意識が意志を介して行動に影響するとは限らない。ロビンソンらはこういう仕方で現象的意識の無用性を進化論とうまく接合する。

しかしながらロビンソンらの見解を採用するとしても、先に私がチャーマーズに向けた批判をかわせない。つまりまず、単なる副産物で有益な役割を果たしていないはずの欲求などの現象的意識の内容が、生存に適した行動をうながす（かのように感じられる）理由がわからない。しかも数多くの意識内容がそろってそうであることは、それがもし偶然なら信じられないほど低い確率の事態が生じていることになり、彼らの説は説得力を欠く。

また、チャーマーズの場合にはなかった難点として、現象的意識に諸情報が現れる理由についても問題になってくる。チャーマーズの場合は、現象的意識は情報に付随するものだったから、現象的意識に情報が現れることは当然と言えるかもしれない。しかしながら脳の副産物あるいは偶然として現象的意識が生まれたのなら、それが脳が集めている外界や自己身体についての情報と結びつく必然性がない。現象的意識が生まれたとしても、それらの情報一切を知ることがなく、暗闇にとどまる可能性もあるだろう。そういうことにならず、さまざまな情報が現象的意識に集まってくる理由がわからない。情報を知っても意志によって行動をコントロールできないなら、情報を知ることに生存適合性はないのだから、これまた偶然にそうなっているだけなのか。あるいは意識が生まれた以上そうならざるをえない、何かの理由があるのだろうか。この理由がわからないままだとロビンソンらの議論の説得力が損なわれる。

第二章　意識の有用性

前章では意識の行動に対する無力というリベット、チャーマーズらの見解を批判し、意識が生存上の有用性をもっていなければならないと論じた。意識が生存上の有用性をもつためには、真の意味での意志の自由をもたねばならないし、また、とりわけ無用性が語られる現象的意識についても、それが意志に影響して生存上の有用性をもつ必要があるということを確認した。しかしどういう有用性をもつのだろうか。もっと具体的に考える必要があるだろう。本章ではこの点の考察を進めたい（なお、本章ではこの問いに暫定的な解答があたえられるだけで、本書第二部でより詳細な解答が目指される）。

ところで、最初の頃の動物においては、おそらく心理学的意識しかなかっただろう（正確にはこれを「意識をもっている」と見なせない。現象的意識をもつことではじめて「意識をもつ」と言えるのであり、心理学的意識だけのゾンビを「意識をもつ」と言えはしない）。だとすれば現象的意識が誕生するためには、心理学的意識では果たせない役割をそれが果たせたからだと考えたくなる。しかし多くの役割は心理学的意識で十分果たせそうであり、現象的意識が担う役割を見つけることは簡単とは思えない。この点について、立ち入った考察が必要である。

【二・二】現象的意識と意志

現象的意識は直接には行動に影響をあたえることはできない。心理学的意識における意志形成に影響することで間接的に行動に影響を及ぼす。この事情を、とりわけ意志とは何か、そして意志に現象的意識はどういう仕方で影響をあたえることができるのかを、まず明確にしておく必要がある。

最初に、チャーマーズの立場から意志はどう説明できるか再確認しておこう。彼は物理世界の因果的閉鎖性を支持するから、基本的には、意識から物質への働きかけは認められない。それは現象的意識だけでなく心理学的意識についてもそうである。物質は、この宇宙において成りたつ（論理的必然ではない）ひとつの自然法則によって意識を生み出す（一章二節）。しかしその逆に意識が物質に働きかけそれを変えることはない。このような自由否定のもとで、彼は意志的な行動制御を心理学的意識に割り当てる（CM, p. 27／五一頁）。もちろん彼の考える意志の働きは本当の意味での自由な意志行使ではない、意志行使しているとふつう思われているが実際は物質的過程に決定されている働きにすぎない。

もう少し詳しく見よう。彼は、現象的意識と心理学的意識は別々に作動しているのではなく、密に相関しているといい、これを先述のように「構造的整合性原則」と呼んでいた。現象的意識はたとえば赤信号の赤の現象的な感じを経験するが、そのとき心理学的意識は赤信号を認識している。このように両意識は相関している。赤信号の赤を見る現象的意識における経験は、心理学的意識における赤の認識に対応し、同時に生じているが、青信号ではまた緑の感じの経験に対応して別の認識が生じる。赤信号を見過ごし赤経験が生じないときは、赤の認識も生じない。両者の構造が事細かに対応し合っているのである。そもそも、現象的意識における赤の経験を語るときに、心理学的意識における赤いものの認識を引きあいに出すことによってしか語れない。心理学的意識と切り離して現象的意識の内容だけを語ることは至難である。それはわれわれの言葉の限界であるが、そのことが示しているのは、現象的意識と心理学的意識がつねに相伴っているから、後者を参照する仕方で前者について語ることができるという事実である。

もちろんこの整合性は、論理的な必然ではない。この整合性は物質的なものの側にある心理学的意識と、意識の核心である現象的意識という両者をまたぐ法則として、「精神物理法則」（CM, p. 242／三〇〇頁）と位置づけられるが、論理的必然法則ではない。そしてこの法則に従い、心理学的意識が現象的意識を生じさせる（ゾンビ宇宙でないこの宇宙においては）のだという（CM, p. 242／三〇〇―三〇一頁）。

意志という事象についてチャーマーズはあまり明確なことを言っていないようだが、物理世界の因果的閉鎖性を認める以上、事態は次のように説明されるであろう。私が赤信号を見て立ち止まろうとするとき、彼の考えでは現象的意識の赤経験と並行して、心理学的意識において赤認識がなされる。現象的意識の赤経験ではなく、心理学的意識の赤認識が立ち止まろうという意志を形成させる。意志が止まれという指令を発する。そしてその指令に対応する特有の現象的意識経験が生じ、「私は意志を行使した」と感じる。

しかしその指令として私に感じられるものは、実は必然的な物質過程の反映にすぎず、意志形成が停止行動を因果的に引きおこしたというよりも、赤認識から止まることに至る必然的な物質因果があって、止まったのはその結果にすぎない。現象的意識、心理学的意識は、どちらも物質的因果過程の反映（次章で説明する「スーパーヴィニエンス」）にとどまり、その因果過程を左右する力はもたない。

このように考えられるなら、心理学的意識における意志とは必然的なものであり、われわれがふつうに考える自由意志とは異質である。たしかに「意志に沿って」脚は止まるが、それは自由な活動を意味しない。赤信号の認識から意志形成、立ち止まるという行動に至る、因果的必然的な経路があり、それに沿って動いているだけである。その一部を切りとって、われわれは「意志形成」などと呼ぶが、それは必然的過程の一部にすぎない。決して「意志形成」という語が予想させる自由な過程ではない。心理学的意識というもの自体、物質過程の機能にすぎないのだから、それがあることで必然の連鎖に異質なものが加わるわけではない。赤信号の光が眼球に届くことから始まり、物質過程は必然的に動く。物質過程の機能としての心理学的意識も必然的に生じる。脳の電位配置が変わり、脚へ向かう神経の電気信号の状態が変わり、脚の筋肉の作動が停止するに至る。

常識的に考えれば、立ち止まろうという意志形成は、立ち止まらずに赤信号でも突っ切ってしまおうというような別の選択肢とのあいだで、そのひとつを選ぶという形で成りたつものである。一方、チャーマーズの考える意志形成はそのような自由を許容するものではない。自由を認めることは、物理世界の因果的閉鎖性を揺るがすことになるからである。現象的意識は、こういう心理学的意識の「意志形成」を眺めているだけである。むろん現象的意識にも自由な意志形成はできない。

以上のように理解するなら、本当の意味での意志の自由は消え失せてしまう。身体の働きに対応するものとして、決定論的に意志が理解され、意志の自由は見せかけになる。だがチャーマーズとともに物理世界の因果的閉鎖性を受けいれるなら、こうならざるをえない。

では、彼と違って意志の自由を認める立場に立てばどうか。真の意味での自由を前提するなら、ずいぶん違ったあり方でものが見えてくる。意志の自由を認めるなら、彼とおなじように現象的意識と心理学的意識とを理解することはできない。

たしかに真の意味での自由な意志も、チャーマーズの意志観と同様、心理学的意識のものと考えるべきであろう。本節以前に現象的意識が意志を介して行動の生存適合性を高めるということを繰り返し述べてきたが、これは、〈現象的意識が意志の座であり現象的意識が意志を行使する〉ということを意味するわけではない。現象的意識は現象的意識内容の経験がその役割である。意志をもつとすれば、それは心理学的意識であり、心理学的意識しかこういう機能は担えない。というのも、外界を認識し行動出力に結びつける因果的機能は心理学的意識に負わされる（CM, pp. 11-12／三三―三四頁）からである。意志とは行動にかかわる因果的機能であり、したがって意志は心理学的意識が担うものと見なされるべきだろう。

私の考えがチャーマーズと異なる点は、現象的意識が受けとった現象の内容が心理学的意識に現実の影響を及ぼしうるという点である。受けとった現象内容が心理学的意識の判断材料になり、意志を左右する。痛みの現象が回避の意志を形成させる。こういう当たり前のことが起こると認められるのである。

チャーマーズでは「現象的意識」が感じる痛みや快楽も両意識の構造的整合性の産物であり、心理学的意識の反映であった。しかし私の考えでは、痛いと感じるからこそ、それを避けようと意志し、そのための行動をとる。「現象的意識」に感じられる痛みが、心理学的意識の意志に何らかの形で影響し、その痛みを避けようという意志形成を促す。心理学的意識が認識した身体損傷が直接意志形成をうながし、その一方で認識の反映として現象的意識に痛みの現象が生じるというのではないのだ。これだと現象的意識は余分になってしまうが、実際はそうではない。

もし痛みを感じなければ避けようという意志も生じないはずである。遺伝疾患のひとつだという先天性無痛症（NPO無痛無汗症の会「トゥモロウ」編、二〇一一年）の存在は、この常識的な理解が、真実のものだということを示している。先天性無痛症とは文字通り生まれつき痛みの感じをもたない症状である。痛みの感じをもたないため、ナイフなど危険なものに触れて手が傷を負っても手を離そうという当然の護身行動に結びつかない。その結果ひどい身体損傷を招いたりする。また、痛みをもたないことは、痛みを避けようとする用心や痛みを招く事態への回避行動も困難にする。われわれは触れて痛い思いをしたから、そののちはナイフに用心する。こうしてわれわれは危険を回避している。しかし痛い思いをすることがなければ、こういう用心や回避行動を動機づけるものがなくなり、危険に身をさらすことにつながる。このように、無痛症の患者は、健常者よりはるかに身体損傷の危険が高まり深刻な事態を招きやすい（NPO無痛無汗症の会「トゥモロウ」編、二〇一一年、六三―六四頁）。

もし、現象的意識での痛みが意志形成に影響を及ぼすことができないで、心理学的意識だけで痛みの経験と無縁に身体動作を指令しているなら、無痛症は右のように身体損傷を招きやすくなることにはならないはずではないか。

チャーマーズならどう反論するだろうか。彼はまず先述の構造的整合性原則をもちだすだろう。心理学的意識の障害回避行動と現象的意識の痛みは、「痛むから回避する」わけではないけれども、整合性原則にもとづき対応した秩序をもち、その結果あたかも「痛むから回避する」かのような行動をとる。通常でも現象的意識は意志に影響して身体を動かすことができないが、あたかもできるかに見えるのはこの整合性原則のおかげである。

無痛症をどう考えればよいか。無痛症では、構造的整合性原則にもとづき、痛みの経験の不在に対応して痛み認識の不在があって、その結果回避の意志形成がなされなかったという事情だと理解できる。無痛症が阻害しているのは痛みの経験だけでなく痛みの認識についてもなのである。そして、物質が意識を規定し逆はないという前提にもとづき、痛み経験の不在はむしろ痛み認識の不在の反映であり、疾病の真因は心理学的意識の方にあると理解されるだろう。

こう理解されるなら、ゾンビにおけるように、痛み経験を省略して、痛み認識から痛み回避という回路を築くことも可能になる。チャーマーズの議論に無痛症が何か問題をもたらすということはないように思われる。

しかしながらここで両意識の整合性原則自体に疑いが生じる。両意識はどうして整合していなければならないのか。彼の言うように現象的意識が生存に何の役割も果たしていないなら、両意識は整合していなくてもよいはずである。整合しているどころか、食べものに嫌悪感を感じ身体損傷に快を感じるような、整合性にさからうような現象的意識のあり方をしても生存を損なうことがないなら、そうなることも確率的には十分ありうるはずである（一章四節で既述）。それなのに実際はどうしてそういうことがないのか。その納得できるような説明をチャーマーズはあたえていない。ただ事実として整合性が成りたつと主張するだけである（同所で既述）。

だとすれば、彼の言う構造的整合性の原則は、現象的意識と行動との不可分の結びつきを絶った上で、その結びつきの結果である意志的行動を説明するために案出された、とり繕いのための恣意的法則ではないか。あまりにもご都合主義の「原則」ではないか。

一方、このような「原則」に頼らず考えてみるなら、健常者と無痛症患者では現象的意識の痛感の有無が意志形成に影響し、行動の差として現れたと何の困難もなく考えることができる。また、チャーマーズが説明に窮し、事実として前提せざるをえなかった整合性原則の理由も、ごく当たり前に理解できる。「現象的意識」と「心理学的意識」とが「整合的」といえるのは、次のような理由による。前者における痛みの経験はそれを回避しようという意志形成に影響を及ぼしている（途中に痛みの認識をはさむとしても事情はおなじである）。そういう仕方で心理学的意識は現象的意識に影響され変化する（痛み回避の意志形成が行われる）。こうして、両者は対応関係に立つのである。

このように解釈された現象的意識は、現象を受けとるだけのものでなく意志形成に影響をあたえるものである。もし受けとるだけにとどまるなら、現象的意識の生存上の貢献が皆無となり、現象的意識の存在が謎になるからである。

【二・二】現象的意識の生存上の役割

現象的意識は具体的にどのような仕方で生存適合性を増すか。現象的意識の役割は何か。現象的意識しか果たせない役割をつきとめれば、それが求められている当の役割といえないだろうか。しかしながら現象的意識でなければ果たせない役割を指摘することは難しい。心理学的意識だけで環境入力をもとにどんな行動出力を生み出すことも可能に思える。人間が実際には現象的意識を介して行っているどんな行動も、入力に対応する出力をロボットに教え込ませれば原理的には実行できそうに思われるから、心理学的意識に同様なことをさせることもできそうに思われる。

しかしながらチャーマーズが擁護するF・ジャクソンの論証はひとつの手がかりをあたえてくれないだろうか（CM, pp. 140-146／一八二―一八九頁）。ジャクソンは現象的にしか知ることのできない知識があるという。それはたとえば赤や青等々の色が現象的にどういう感じをあたえるかということである。もしひとが色の感じを引きおこす光の物理的性質を始めとして、未だ知られていないものも含むすべての物理的知識をえたとしても、色が現象としてどういう感じをもつかということは知ることができない。それゆえ生まれてから一度も色を見たことのないままに、すべての物理的知識をえたとしても、そのひとが初めて色を見たならば、その色の感じは初めて知られる知識と言える。ジャクソンのこの論議については反論も多くあるが、チャーマーズは基本的にこの論議の正当性を認めている。そのため私もジャクソンに完全に賛同するわけではないが、ここではこの論議が正しいものとして議論を進めていきたい。つまり、色その他の現象的性質（心の哲学では「クオリア」とか「何であるか」とか呼ばれるもの）は、現象的にしか知りえないものだと言えると想定しよう。

この想定にもとづけば、現象的性質の経験にもとづいて意志決定するならば、心理学的意識だけではできない選択が可能になる。そしてもしその選択が心理学的意識単独の選択よりも生存適合性が高いものになるなら、現象的意識の存在理由はこの点で確保されるのである。ただ、そのためには、すでに見たように、心理学的意識が自由を真に有していて、選択が自由に行えることが可能でなくてはならない。

ただ、現象的性質を経験することが生存適合性を増すと言っても、たとえば話題となっていた色で、具体的に生存適合性を増す事情を想像することはそれほど簡単ではない。一方、たしかにおなじ現象的性質でも快苦などは顕著な効果がありそうである。快が快をあたえるものを獲得するべく動機づけ、苦は逆の動機付けをもたらす。しかしこの動機付けは、現象的意識によらねば実現できないものではない。私に現象的快をあたえる刺激に対し、現象的意識によらず、その刺激を長引かせ、その源泉に近づくように動機づけることは難しいとは思えない。昆虫などはおそらく意識なしでそういうことを実現している。人間の場合は、心理学的意識が、そのひとにとって有益なものから発する刺激を認識したとき、その刺激源泉に向かうような行動を指令すればよい。そのことで快の動機付けなしでも、おなじ行動ができる。つまり、現象的意識に頼る必然性はない。この快苦のような有力候補を除外せざるをえないとするなら、ほかのどのような現象的性質が、それをもつことで生存適合性を増すと言えるだろうか。

一般に、先に見たカエルの例のような、意識なき本能的で固定的な反応と違い、意識的な行動ではそのつどの状況に応じた柔軟な行動が可能だと考えられることが多い。こういう違いを意識がもたらすというのである。意志による自由な選択が、環境内の対象にそのつど異なる意味をあたえ、そういう意味に沿って行動することを許すというのである。

しかし、本当に無意識ではそういう行動ができないだろうか。検討してみたい。それも論理の遊びに堕しかねない論理的必然性の議論でなく、まず実例で論じたい。たとえば条件反射は本能的に固定した行動とは違って、状況に応じた適応を許すが、これも実は原則的に意識を必要としない。パブロフの犬の実験では、もともと条件なしに反射的にとられる行動（犬がエサを口に入れられ唾液を出す）がまずあり、口に入れられたエサは無条件反射を引きおこすから無条件刺激と呼ばれる。実験では、無条件刺激とは本来関係のない中性刺激（たとえばベルの音）をエサに先行して聞かせる試行を犬に対して繰り返す。この結果、犬はベル音を聞いただけで唾液を出すようになる。この音が条件刺激である。

以下に詳述するR・E・クラークら（R. E. Clark & L. R. Squire 1998, pp. 77-81.）は、条件反射の学習（条件付け）は無意識的に可能であること、ただ例外的に意識を必要とする条件付けもあることを示している。無意識で可能ということは、無意識的行動においてすでに、本能的に固定されたわけでもない、状況に柔軟に対応する活動が実現できるということを意味しているようである。行動の柔軟性を意識の働きに帰すのは早計なのであろうか。

＊　＊　＊

クラークらの実験は人間を対象にするもので、被験者に映画を見せながら条件付けの実験を行う。

鑑賞中に目に風を吹きかけると、被験者は目を閉じる反射を起こす（瞬目反射）。瞬目反射は人間誰にもある無条件反射である。風の吹きかけが無条件刺激にあたり、条件付けはその風を当てる刺激の前に音を鳴らすことである。被験者が見せられている映画は無声だからその音を聞くのに支障はない。条件刺激である音に続いて無条件刺激（目に風を当てること）をあたえる試行を繰り返す。

条件刺激が無条件刺激の前に始まり、両者が同時に終わる「遅延条件付け」という方法で、音だけでまぶたを閉じる反射が条件付けられる。クラークらによればこの際、条件刺激の音が主体に意識化されていなくても条件付けが可能である。一方、条件刺激となる中性刺激が終わってからわずかの時間をはさんで無条件刺激が始まる条件付け（「痕跡条件付け」）では、条件刺激が意識されないと条件付けが成立しないのだという。

先のカエルの例で、固定的な反応は無意識でも可能であると述べ、意識的な活動の状況即応の柔軟な活動と対比した。しかしながら条件反射は、条件となる刺激が前もって固定されているわけではなく、条件付けの状況に応じてさまざまな中性刺激を条件刺激とすることができる。したがってこのような条件反射は一概に固定的とは言えない。だが、固定的と言えない条件反射でも、原則的に無意識的に習得が可能だとクラークらは述べているのである。したがって、意識がかかわれば状況に即応した柔軟な行動が可能になり、無意識なら固定した行動しかできないというような、単純な話ではない。

あらためて検討の必要がある。彼らによればすべての条件付けで意識が不要なわけではなく、「痕跡条件付け」の習得においては意識が必要だという。この違いをなすのは何か。この事情を詳しく見ると意識の働きが確定できるかもしれない。

痕跡条件付けで時間差をまたぐには当然ながら記憶が必要である。ただ、記憶には大きく二種あり、内容的に言語化が可能な宣言的記憶（declarative memory）と、言語化できないような、身体的技能習得などにかかわる非宣言的記憶（non-declarative memory）がある（内田伸子ほか編、二〇一三年、九六頁）。痕跡条件付けで必要なのは、前者、そのなかでもとりわけ「エピソード記憶」とよばれる、個人が体験したできごとを記憶するタイプの記憶である。条件刺激と無条件刺激の関係がエピソード記憶として記憶されるのは当然のことである。また、エピソード記憶は脳の海馬を介していることが分かっているが、そこが損傷を被っていると痕跡条件付けは不可能だと示されている。したがってエピソード記憶が決定的な役割を果たしていることは間違いない。なお、もう一方の遅延条件付けは、条件刺激と無条件刺激が時間的に重なる期間がある。このような条件反射も記憶にもとづいているのはたしかであるが、そこでは非宣言的記憶がもちいられ（Clark & Squire 1998, p. 77.）、条件付けが成立するという。クラークらによれば、遅延条件付けは海馬の介在も不要で、大脳はかかわらず、小脳がかかわるという（同所）。

痕跡条件付けでは意識の関与が必要であるが、なぜ意識がかかわることが必要なのか。無意識で同様の記憶ができないのか。同様の意識の必要性は、次の例でも見られる。

脳神経の基質的障害が原因となって視力を失った患者のなかに、本人は何も見えないというにもかかわらず、歩行経路にある障害物をさわりもせずに避けられたりするひとがいる。見えていないというにもかかわらずある意味見えているのであり、そのため「盲視」と呼ばれる。盲視患者にポスト入れ課題をあたえる。これは郵便ポストのような開口部にカードを入れるという課題であり、開口部は実験ごとに水平になったり垂直になったりと向きが変わるが、その変化にも対応して、しかも手で開口部を触ったりしないで、入れねばならない。患者は、何も見えていないというにもかかわらず、この課題を達成する。見えているという意識なしに、ある意味見えているのである。しかし意外なことに、目標の開口部を途中で見えないよう隠されてしまうとできなくなる。最初見たときの開口部の方向の記憶（エピソード記憶）にもとづいた行為ができないのである。

この事例でも、開口部がずっと見えている状況では、視覚的には無意識なまま、視覚的状況の意味を把握し、単なる機械的活動とは異なる活動が無意識でできているように思える。にもかかわらず、開口部の記憶に頼らざるをえない状況ではそれができなくなる。つまりここでもエピソード記憶に頼る活動に、意識が不可欠な役割を果たしているようなのである。

＊　＊　＊

記憶のかかわる場面で意識の役割は何なのであろうか。今までの議論から意識とは動物的意識であり、真の自由意志をもつはずである。意識の志向的対象は何より知覚においてあたえられる実践世界である。それを踏まえてさらに考えようとするとき、手がかりになるのはメルロ＝ポンティの「知覚的信念」という概念である。「知覚的信念」とは知覚者だけでなく、哲学者もそれを共有し、それを否定することができないような、知覚世界のあり方についての根本的信念のことである。これが知覚と知覚世界はどういうものかという枠組みを教えてくれる。動物の意識の現実の姿とその役割を知るには、知覚的なかかわりを中心に据えて考察する必要があるから、この信念は重要な意義をもつ。この信念は事実として確認できるものというより前提されるものである。

メルロ＝ポンティは『見えるものと見えないもの』（M. Merleau-Ponty 1964.）において「知覚的信念」をいくつかあげているが、その第一番目として、次のような信念をあげている。「われわれはものそれ自体を見ている。世界はわれわれの見ているそのものである」（VI, p. 17／一一頁）。この第一の知覚的信念を見てみよう。たしかに知覚は科学的にいえば必ずしも世界の客観的な姿をあたえていない。科学者は、赤い色は私の目にそう見えているだけで、客観的な世界がそういう色をもつわけではないと断言するだろう。しかしながら、私はその赤さがものの真の姿であると信じている。もちろんこのものそのものが赤いということは証明できない。知覚される世界がそのままこの世界だというこの信念は、証明されず前提されるだけであり、そういう根本的信念が知覚的信念である。

知覚的信念の示している世界の姿は、意識がそれを目指し実現してきたものだと言える。さらにメルロ＝ポンティがあげる別種の「知覚的信念」を参照しよう。それは次のような信念だと説明される。「知覚的信念は、ものも精神もすべてが一緒にある雑然とした全体に、つまり世界と呼ばれる全体にかかわっているのだと信じている」（VI, p. 91／九二頁）。このような全体としての世界は、意識の総合の作用によって実現されている。別々の感覚にあたえられる知覚対象や、内面的なものである記憶、思考等、それらがすべて秩序だってひとつの世界とそのなかにある私の内面に関連付けられている。

世界のこの性格をふまえて、記憶に戻って考えよう。記憶のための神経的機構と想起能力があれば、記憶・想起には十分というわけではない。想起された表象も、知覚的にあたえられる現在の表象とは異質なものとして位置づけられねば混乱の元である。動物は過去の想起されたエサを現在のエサと区別できねば、ありもしないエサがあるものと誤解して、エサの探索にでることをやめてしまうかもしれない。区別が不可欠である。そして実際に、想起は知覚とかなり違う性質のものとしてあたえられているから、区別という課題は達成できている。しかし、課題は区別だけではない。想起されたものを単なる内面のできごとと位置づけてしまうなら、想起の意味がない。想起は世界のできごとの想起であり、夢とは異なり、この唯一の世界と関係づけられねばならない。しかし現在の世界ではなく、過去の世界となるのである。このような複雑な意味づけが想起を正しく理解するために必要である。しかしそれには遅延条件付けを導いているとクラークらの言っていた、大脳も意識も関わらない働きでは不十分で、意識が必要なのであろう。しかしどういう役割を意識は演ずるのか。彼らは「痕跡条件付けは、被験者に刺激間の時間関係に気付かせる必要があることが判明した。このことが痕跡条件付けが宣言的記憶と〔宣言的記憶に不可欠な〕海馬とに依存する理由である」(Clark & Squire 1998, p. 80. 引用文中の〔 〕内は佐藤の補足)と述べ、時間関係が意識を必要とすると示唆するが、それ以上説明していない。もう一歩踏み込んで考えよう。

遅延条件付けの場合、条件刺激と無条件刺激が同時並存するので、そのときの中性刺激を機械的に記憶する非宣言的記憶で十分に条件付けが可能である。ここでは中性刺激を「過去」のこととして位置づける必要もない。両刺激の機械的結びつけだけで十分である。しかし痕跡条件付けの場合、無条件刺激以前にあたえられる中性刺激は無数にある。クラークらは原因結果の時間関係をとらえるのに意識が必要と考えるわけだが、無数の刺激のどれかを選ぶという操作もまた必要である。しかも中性刺激のなかからひとつを選び出し、先立つ過去の「原因」として無条件刺激と結びつける必要がある。意識内でこの種の総合整序を行う働きが欠かせないのである。

　このような総合整序の作業に、意識が必要とされるのであろう。記憶の機構があるだけでは、記憶内容を使いこなすことはできまい。記憶内容を現在のことがらと区別できないと、記憶は混乱の元凶になる。意識の総合整序の働きが、世界を差異をはらみながら単一のものとして存立させている。

　意識とは何より心的なものの多く——無意識の過程は除いて——がそこに集結する場であり、意識がこの種の働きを担っていることは事実として自明であるし、意識の働きとして総合を想定することはふつうのことであろう。

　今まで見てきたように、意識は生存適合性向上の効果を持たねばならず、それには真の自由意志が必要であった。ただ、意志が生存性を向上させるためには、無意識が利用する以上の情報源の多様性が必要である。そうでなければ無意識の過程とできることは大きく変わらないだろう。ここで意識を必要としていると判明したエピソード記憶は、そのような追加の情報源と考えることができるであろう。そして想起表象などの情報が加わる総合の場が意識なのである。意識は情報諸源泉の総合の場を提供することで、意志に無意識よりも生存適合性を高めることを可能にしている。これが私の考える、記憶（エピソード記憶）に意識が必要とされる理由である（八章四節で別の理由も見るが、理由はひとつである必要はない。私はどちらも真の理由だと考えている）。

　痕跡条件付けの話に戻ろう。痕跡条件付けのエピソード記憶想起の働きに意識がかかわっていることは事実として確認できるとしても、意識なしでこの働きが本当に不可能なのか、意識は不可欠なのか、問いが投げかけられるかもしれない。しかしながら問題は、意識の関与が不可欠と示すことではない。意識の比較的な有用性なのである。意識をもった方が生存上有用なら、自然は意識を発達させた可能性は十分ある。前記の働きが意識なしで可能だとしても、意識を生みそれを関与させた方が効率的なら、自然はそうしたかもしれない。だからわれわれはこのような議論において、意識の不可欠性を示す必要はない。

　意識がない単細胞生物でも、過去と現在の状況を比較してそれを行動に生かしているという（P. Godfrey-Smith 2016, p. 17／一七頁）。しかしこれは先に見たカエルの反応のように、固定した反応である。ここでは過去の刺激がコード化されて記録されているとしても、それを「過去」の何かとして記録しているわけではないであろう。世界とも時間とも関係のないひとつのデータが、もうひとつの現在のデータと比較され、その結果次第で行動を引きおこす。そのデータは結果的には適応的行動につながるものの、時間的なものとして意識されているわけではもちろんないし、本来の時間的意味は帯びていない。一方、意識において過去のものとして認識されるなら、こういう事情とは大きく異なる。その場合、当該の行動（今の場合は条件反射）だけでなく、ほかの行動決定にもおなじ過去の記憶が役立てられうる。無意識的な条件反射の条件刺激（音が鳴ること）が、その反射のために使われ、そのためにしか使われないのに対し、音が鳴ったという意識化された記憶は、条件反射のなかに閉ざされたものではなく、あとからあるものの立てる音と認識されたり、さまざまな別の文脈で利用されうる。意識は総合的な場であるので、意識化された表象はさまざまなほかの用途に開かれているのである。そういう仕方で生命の維持に役立っている。

意識は生物的意識として意志を必然とするが、現実においては意識はその働きのひとつとして、意識諸表象の総合、整序の作用を営む。それがエピソード記憶の想起表象を現在のできごとではない、過去のできごととして理解させ、そうして記憶を機能させるために必要である。そして記憶の生命的な有用性を考えるなら、それだけでも意識の生存に果たす役割の大きさは明らかである。

＊　＊　＊

さて、以上のように、意識をもつことは、無意識の活動だけではかなえられない生存適合性の増大効果をもたらしうるか、あるいは少なくとも無意識より効率的にそれをもたらしうるはずだということが確認できた。むろん増大効果をもたらすのは痕跡条件付けに限ったものではない。現象的意識にあたえられる音や色をそれ自身として聞き、見るなら、音や色を識別できる。識別とは単にカラスの声だというような世界内の対象に関係づける識別に限らない。こういう観点での分類とは別に、音それ自身を分類することができる。色の分類がもっぱら色自身の分類であるように、音もそれ自身で分類できる。そういった分類が現象的意識への所与にもとづいて可能である。

このレベルでは、まだ人間的、実践的、生命的有用性は問われない。しかしそういう実践に先行した世界のあり方を、知覚はあたえており、それが現象的意識に現れている。その層は実践的な世界に先行するという意味で「自然」と呼ぶこともできるかもしれない。その「自然」を実践は活用する。条件反射の事例に限らない。たとえば自然的にあたえられる空の暗さは雨の兆候と理解される。「自然」の基層の上に、実践的な意味が付加される。「自然」が私にあたえられる現象的な質（「クオリア」）をもっていて、暗さと明るさを現象的に区別できるようになっているから、区別にもとづいてそれに実践的な意味合いをあたえて理解することもできるのである。条件付けの検討の際に述べたように、無意識の心的過程ではこういう所与が同時的にあたえられ機械的に無条件反射と結びつけられる形でしか利用できなかったのに対し、現象的意識は未だ利用されていない「自然」を実践的に利用可能なものとしてあたえ続けてくれるのである。

たしかに「現象的意識によらなければこのような利用は論理的に可能でない」とは言いきれない。しかし現実の意識においてこのような利用は意識によらなければ可能でない。本書序で述べたように、論理的な可能性よりもこういった事実を重視すべきである。

チャーマーズは現象的意識への現れは何らかの機能を果たすものではないと考えるから、彼はここでもなお、現象的意識でなく現象的意識の相関者である心理学的意識が、ある中性刺激をとらえ、それに条件刺激としての役割を担わせるのだと主張するのだろう。意識所与の総合整序の働きも心理学的意識の機能だから、結局痕跡条件付けでも、現象的意識は心理学的意識の働きの相関者として現象を眺めているだけであり、何かの機能を果たしているわけではない、と。

このような反論には、無意識の心的働きと現象的意識を伴う心的働きの区別が明瞭に説明されていないという再反論が可能だろう。一般の条件付けのように、意識が関与していない心的な活動がある――「心的」と言えるのは記憶もかかわっているからである――のに対し、一方で現象的意識を伴う心理学的意識がある。どちらも条件付けなのに前者では現象的意識が関与しないが、後者では現象的意識が関与する。ふつうに考えれば、その違いは後者では現象的意識が果たす何らかの役割が必要だから、ということと予想される。しかしチャーマーズの考えでは、現象的意識が何の役割も果たしていないにもかかわらず、後者でだけ現象的意識が伴う。これだとどうして後者で現象的意識が伴わざるをえないのか、その理由が分からない。無用なはずの現象的意識が欠けて、どうして条件付けができないのか。むしろ実際は、現象的意識と心理学的意識とが対になって意識諸表象の総合整序といった痕跡条件付けに不可欠の役割を果たすから、現象的意識もそこで必要とされていると理解するのが自然ではないのか。現象的意識を無用のものとする彼の議論にますます説得力が乏しくなる。

【二・三】生存上の役割の一例――色――

とはいえ、まだこれだけではチャーマーズの陣営に立つひとたちは納得しないかもしれない。そこで現象的意識の機能をもう少し掘り下げて考えてみよう。現象的性質といえば真っ先に色が例に挙げられるが、前節はじめの方では、色を現象的に感じることの生存適合性に対する意義については保留にしておいた。改めてその意義を考えてみよう。とりわけ今見たように、「自然」の分類が現象的レベルで成立することは重要な意味をもつようである（ベルの音の識別、空の明るさと暗さの識別）。色の例でこういった自然の現象的意識における分類を踏み込んで考えてみたい。

さまざまな色はそれぞれほかの色にはない現象的性質を有しており、それを手がかりにすれば環境内において生きていく上でのさまざまな利益をえることができる。こういう色それぞれの差は、色の現象的性質（「クオリア」）にもとづくものであり、現象においてのみ現れ、現象以前に知ることはできない。色のスペクトルは連続であるから、それを別々の色として切りとるのは人間であるが、その切りとり方は現象レベルで決まる。たしかに色の分節化は文化ごとに任意だとよく言われ、言語によりスペクトル上のどの部分を独立した色と定義するかが違うというようなことがしばしば述べられる。もしこの主張が正しいなら、色の分類は現象レベルではなく、言語のレベルで生じるものとなる。しかしながら、B・バーリンとP・ケイによる、文化をまたいでなされた色彩語の研究『基本の色彩語』(B. Berlin & P. Kay 1969.)によれば、色彩を表す「赤」や「黄」といった色彩語は、一見文化ごとに多様なようでありながら、実はすべての言語に共通の色分類の段階的進展の法則性があるという。言語ごとの色彩語の違いは、その段階をどこまで進んだかの違いにすぎないのである。このことは色分類が文化ごとに恣意的に作られた分類によっているわけではなく、人類に共通な、「自然的」といえるような色の感じ方と分類に関する決まった方法があることを示している。

後者、すなわち人類共通の分類の仕方とはバーリンとケイによれば次のようなものである。それは段階を追って進むが、段階を追う道は一本しかない。

最初は明度の対比に注目し、「白」「黒」の色彩語が現れる。それぞれは白、黒だけでなく明るい色、暗い色を含む、非常に広範なカテゴリーである。ここで終わる言語もある。しかし次の第二段階まで進むなら、次に色相に注目してまず「赤」が現れる。「赤」には赤のほかにわれわれなら黄や、紫に分類するような、赤に近い色も含まれる。次の第三段階に進むなら、「赤」に続いて、赤に対する色相の差の大きい「黄」または「緑」が現れる。次の第四段階でその「黄」、「緑」のふたつのうち欠けている方が現れて、「黄」と「緑」がそろう。「黄」も「緑」もそれぞれわれわれがふつうにイメージするそれらより広いカテゴリーである。このように色の再編が進む過程で、当然ながら第一段階の「白」、「黒」は次第に狭い範囲に限定されるようになる。以降の段階の詳細は省略するが、同様な仕方で七つ目の段階まで、色彩語の分節化が進むという（Berlin & Kay 1969, pp. 17-23／二六―三三頁）。

最終段階では、色彩語は基本的に十一のカテゴリーに分類されるという。「白、黒、赤、緑、黄色、青、茶色、紫、ピンク、オレンジ、灰色」の十一である（Berlin & Kay 1969, p. 2／五頁）。バーリンらはこの十一のカテゴリーの存在を、先述の色彩の言語相対説――連続的な色のスペクトルをそれぞれの文化の言語が恣意的に差異化することで色彩語は成立しているとする考え――への反証と見なす（Berlin & Kay 1969, p. 10／一四頁）。彼らはこうも述べる。「十一の基本的色彩カテゴリーが人類に普遍的な知覚上の普遍概念（universals）であるという結論に……達した」（Berlin & Kay 1969, p. 109／一七四頁）。[11]十一種類は色彩語の語レベルの差異でなく、知覚（視覚）レベルの差異化の反映と理解されているのである。

この視覚レベルの現象カテゴリーは、心理学的意識によっては入手できない区別を示している。心理学的意識が色彩を処理する仕方はいろいろありうる。光の波長や強度、明度等々を手がかりに客観的な区別を行うこともできるだろう。しかし色が連続的なものなら、客観的基準による分類は恣意的なものにならざるをえず、人類共通の分類は望むべくもない。人類共通の分類は、現象的意識における色の「感じ」の差にもとづくことによって実現されているのだ。つまりこの十一のカテゴリーは、色の「感じ」にもとづく現象特有のカテゴリーである。それゆえこれを手がかりに人間が実践を営み、生存価値を高めるなら、それは現象的意識が進化において生きのびてきた理由となりうる。つまり、本節で求めてきた、現象的意識の有用性の具体的な例のひとつとなりうる。

これに対して予想される第一の反論は、色の分類をチャーマーズは現象的にあたえられたものと見なさないのではないか、というものである。それを裏付けるのがチャーマーズの『意識の諸相』における次の発言である。

「赤の感覚の内在的性質のように、構造的記述で完全にはとらえられない経験的性質がある。逆転スペクトルのシナリオ（そこでは赤と緑の経験が逆転しているが、すべての構造的性質がおなじままである）が理解可能であるというまさにそのことは、構造的性質は経験を制約するものの、それが経験のすべてをつくしているわけではないということを示している」（Chalmers 2010, p. 22／上巻二七―二八頁）。なお、ここでいう逆転スペクトルのシナリオというのは、赤と緑のような対照色の現象的な感じがあるひとにおいて私の感じ方と逆転することがありうるというものである。心理学的意識における色の認識のあり方が、構造的に私と変わらないまま、現象だけが入れ替わっている、そういうことが論理的に可能だし、しかも第三者はそのことに気づかないだろうというのである。

この引用で彼はまず、色の現象的性質が心理学的意識の機能の剰余分として存在すると認めている（だからこそハードプロブレムも生じる）。しかし、赤と緑の区別（入れ替わった場合は緑と赤の区別）については、区別の構造が心理学的な意識にも対応物をもつものと見なすわけである。だとすると、心理学的意識の機能が――色の現象的性質は生まないが――区分を作り出し、現象的意識はそれを映し出しているだけであり、区別に関する現象的性質は心理学的意識に還元する形で説明できる、ということになる。

しかしながら本当にこの説明のようになっているのか。先述のように現象的「感じ」に頼らないと恣意的でない色分類は不可能だと反論できるが、ほかにも次のように反論できる。まず、先ほどバーリンらの研究で見たような自然的な色分類が、現象的な性質の違いとぴったり符合していることは明らかである。分類された色の境界をこえておなじ現象的性質がほかの色にまではみ出しているというようなことはない。もちろんそれはチャーマーズに言わせれば心理学的意識における分類の反映なのであろう。しかしながら、もし構造的整合性原則を前提しないなら、この事態をどう考えられるか。現象と無縁に生起する心理学的意識による分類が、現象の違いを尊重できないのは当たり前で、その結果現象が分類の境界をはみ出すことも当然生じるはずである。これは構造的整合性原則を前提しないで、現象の無力を前提するなら、進化論的に現象と心理学的な意識の齟齬《そご》があちこちで生じるはずだと述べてきたのとおなじ理屈である。

「現実に構造的整合性原則が成りたっているのだから、チャーマーズの議論が正しく、この原則を前提しないときの帰結など気にする必要はない」と言えるだろうか。そうではない。構造的整合性原則が成りたっているように見えるのは、彼の議論が正しいからとは限らない。彼の議論とは逆に、現象的意識から心理学的意識への影響が可能であるとすれば、両者の対応は当然成りたつであろう。現象的意識が心理学的意識に影響できるという私の仮定にもとづき、この事情を見てみよう。現象の「感じ」の差にもとづき、色がまず十一の色に区別されてあたえられているなら、心理学的意識にもその反映の区分が成りたつ、つまり構造的整合性が成りたつかに見える。しかしこれはチャーマーズの構造的整合性原則によるものではなく、現象的意識内容の帰結なのである。こう考える利点は、チャーマーズが成立の理由を明示できないまま強引に導入した構造的整合性原則に頼らずに説明できる点にある。

私の立場は物理世界の因果的閉鎖性を否定し、心から物質への働きかけを認めるものだが、心から物質への働きかけがどうして可能かという説明がまだできていないという大きな難点をもつ。それゆえチャーマーズや心の哲学がそれよりはむしろ因果的閉鎖性を前提とする出発点をとったということが理解できないわけではない。しかしながら私は別の選択肢を検討しているのであり、これを少しでも練り上げてみたいと思うのである。

＊　＊　＊

また、色のカテゴリーが現象的所与の反映だという主張に対し、次のような第二の反論があるかもしれない。――「十一のカテゴリーは、先述のように明度や色相などに注目して分類されたものである。連続的な色のスペクトルを切っていこうとすれば、何かの基準で分類せざるをえず、使いやすい基準をまず使うのが当然であろう。明度、色相……。こういう基準、こういう順番をとるのが自然であり、その結果が十一のカテゴリーである。しかしこれは、分類方法の反映にすぎない。分類される色が最初から十一に分かれて知覚されているということではない。色はあくまで連続体であろう。だとすれば、前段落最後の引用のように、十一のカテゴリーを『視知覚』のカテゴリーと見なすことはできない。視知覚においては連続的なスペクトルがあたえられているだけだ」という反論である。

この反論に対する有効な再反論は『基本の色彩語』のうちにはあたえられていない。しかし次のように考えることができるであろう。

仮に前記の反論が正しく、色知覚にあたえられる色が連続的なスペクトルで、分類方法だけが人類共通だとするなら、なぜ分類は十一のカテゴリー（第七段階）で止まってしまうのか。分類をさらに続け、より詳細な分類を作ることはできるだろう。連続体を切ることは無限にできるはずである。だとすれば色についてもさらに細かな区分をもうけることができるはずである。十一カテゴリーのひとつである「茶色」を、赤味の強い茶と焦げ茶に分けるというような分類が可能に思える。第一段階でとどまる色彩語区分がある一方で第七段階まで進む言語があるのだから、第七段階より先に進んでいくことができないはずはない。しかし実際にはそこですべて止まるのである。

止まってしまう理由は何か。色の視覚がすでに十一のカテゴリーに組織化されていて、色彩語はそれらをなぞるものだからではないか。そしてそのカテゴリーはそれぞれの色の現象的「感じ」にもとづくものである。だからこそ十一のカテゴリーに達したところで段階は終点に達する。これ以上細かく分けることは各々の色の「感じ」にもとづく分類にそぐわない恣意的、人工的な区分としてしかできないのだろう。茶色を赤みがかった茶と焦げ茶に分け、無理やり「茶」という語の下位区分ではない独立の別の語で呼んでみるというようなことをしても、私はそこに茶色の下位区分をしか見いだすことはできない。十一のカテゴリーを構成する茶色などのような、独立した色として視覚的に認めることはできないからである。おそらく十一の色は、色の現象的な「感じ」を反映し、視知覚のレベルにおいて、ひとつひとつ独立したカテゴリーをなしている。それをさらに言語的に分けるようなことは、視覚の実態にそぐわないのである。

もし前記のように言えるとすれば、こういう自然的な色の現象の共通性は、当然人間だけにあるものではあるまい。色彩語をもたなくても、色は同種の動物には同じように見えていることになる。そして、色彩語による明確な分節がなくても、それなりに色を分節化してとらえているのであろう。

ここまでで、言語以前の現象的なレベルでスペクトルの分節化、つまり色分類が生じているといえた。そしてこの現象レベルでの自然的分類はわれわれの実践に役立っていることが確認できる。たとえばその分節化は諸対象のさまざまな分類や諸対象にかかわる実践の目印に役立てられている。たとえば赤い色を果実の熟れ具合を判断する指標に使っている。空の青さは傘の必要がないと告げている。もし逆にこういう分節化がなく、自然がのっぺらぼうの連続体なら、私は実践の手がかりを得ることに苦労するであろう。

色に限らず、現象的意識は生物的意味に還元できないような世界自身の姿（「自然」）を私に提示する。「自然」は世界の最下層をなし、動物的ないし人間的な意味はその上に組織される。その際に「自然」の分類を何らかの意味で手がかりにすることによって、動物的意味世界は構築されるのである。

＊　＊　＊

現象的意識は真の自由意志（これは心理学的意識の機能である）を伴わなければならないと述べたが、自由をもてばよいという話でない。現象的意識が自由に影響をあたえて、生存適合性を増すのでなければならない。自由が恣意的な行使を行うだけなら生存適合性は増すことがない。自由が生存適合性を増すのには、いくつかの可能な選択肢があってそれらの選択に手助けとなる情報が十分にあたえられる必要がある。前節で述べた通り、知覚だけでなく記憶をはじめとする多様な情報を利用できるようにすることが意識の利点と考えられた。意識とは諸種の情報が総合整序される場として、このような総合整序を実現する。その総合整序の働き自体は心理学的意識の機能であるが、現象的意識は総合のための材料を提供する。現象的意識にしかあたえられない快苦のうながしや、総合を経てはじめて実践的意味をあたえられる「自然」表象、さらに記憶表象などを、現象的意識が心理学的意識に提示し、総合が実現されるのである。

つまり、現象的意識の生存可能性を高めるための道具立てとして、①必要条件としての真の自由意志（意識の機能として）だけでなく、②実質的に生存可能性を高めるための意志の判断に資する記憶などの追加的情報源、および③それら情報源を現在の知覚入力とともに判断するための総合の場（現象的意識そのものがその場である）が現時点で必要と言えた。これらが欠けると現象的意識も役に立たない。

エピソード記憶の記憶想起に並んで現象的意識のあたえる所与（欲望などの価値的所与や自然など）もまた、②の意識レベルでの追加情報源である。追加情報源として生存適合性を増す。そのことで①の意志による選択をより適合的なものとするのである。

なお、まったくの憶測にとどまるものの、意識の成立においてエピソード記憶の成立が重要な役割を果たした可能性がある。エピソード記憶の利用は生物の生存にとって大きな役割を果たしうる基礎的能力だと言えよう。条件付け（痕跡条件付け）という、思考がかかわる必要もないような非常に基礎的な適応活動で、エピソード記憶の媒介としてすでに意識がかかわっているという点でも、意識とエピソード記憶との進化的な関連性が示唆されているようにも考えられる。知覚とは異質の表象を知覚とは別のものとして、しかしながら世界に関係づけて理解することが意識の最初の課題だったのかもしれない。この能力の獲得のために意識の能力として理解された総合整序の能力が必要とされたということはひとつの可能性として考えられるであろう（八章四節で別の可能性も検討する）。

なお、右では簡単に書いたが、このなかで①の真の意味での自由意志の存在は、チャーマーズが軽視した古来続く意識問題の核心である。意志にもとづく行動は心理学的意識の管轄であり、現象的意識をハードプロブレムだという彼は、こちらをむしろイージープロブレムだと述べるが、こう言えるのは意志を真に行動を決定するものととらえないからである。しかし意識は真の意味での意志をもたねば、つまり意識から物質への働きかけが可能でなければ、進化のなかで今まで生きのびてきたはずがない。意識の物質への働きかけの可能性の問題も、現象的意識とおなじくハードプロブレムである。

自由意志は単なる恣意であっては生存適合性を増大しえない。そして単なる恣意でないために、先に述べた②と③の条件が必要である。つまり、現象的意識が生存に適合するための必要条件が、自由意志によっても必要とされるのである。こうして、現象的意識と、心理学的意識の意志との、共通の必要条件が明らかになってきたのである。ふたつのハードプロブレムは、共通の枠組みで解かれねばならない。あるいはもっと言えば、これらはふたつの問題ではなく、現象的意識から身体行動へと至る道をどう説明するかは古くからの心身問題の本質なのである。私としては以下、こういう広がりにおいて意識の問題をとらえていきたいと思う。

【二・四】現象的意識を利用した知覚、行動

本章では、現象的意識が生存に役割を果たしていないという説に対して進化論を手がかりに批判を展開してきた。それを通じて確認できたのは、現象的意識の生命的意義である。心の哲学の意識についての議論においては、チャーマーズに見るような「現象的意識」と「心理学的意識」の区別にもとづき、現象的意識を因果的に何の働きも果たしていないものとする考えも根強い。しかし、現象は行動をうながす。快苦はその典型である。「現象的意識」が現象を意識するのはこのためなのである。おそらくこれに対してチャーマーズなら、快苦という現象的意識の事象そのものでなく、その心理学的意識における相関者が行動をうながしているのだと主張するだろうが。

快苦など以外にも、一見行動をうながさない色のような現象所与も、条件付け等々によって色と実践的意味が結びつけられれば、事後的に行動の手がかりになったり行動をうながすという形で、実践的に役立つ。前節で述べたように、直接的に実践的意味をもつことのない現象も、世界を分節し、その分節によって実践的に有用になりうるのである。

現象を語る際にはもっぱら知覚における現象が焦点になっているが、この知覚自体、あまりに受動的なものとしてとらえられがちである。しかしながら、知覚の際、受動的であっては対象を知ることはできない。ものを触知するとき、私は手をその対象に沿って動かし続ける。手がじっとしたままで

は、対象について何も知ることはできない。見ることも同様である。メルロ＝ポンティは「視覚とは視線による触知である」（VI, p. 177／一八六頁）と述べている。

誤った受動的な知覚観が、経験するだけのものとしての知覚、というとらえ方に直結している。この考えはおそらく現象的意識が行動に影響をあたえることのない無用のものだという意識観を力づけている。したがって、知覚についてのこの先入観を改めて批判しておくことは有益であろう。

メルロ＝ポンティは早くからこういう受動的な知覚観を批判しているが、近年でもエナクティビズムが同様の批判を展開している。[12]

エナクティビズムの代表者のひとりA・ノエは、受動的な知覚観を批判するなかで「感覚運動依存性」（sensorimotor dependency）という概念を提示している（A. Noë 2004.）。「感覚運動依存性」とは「事物がどのように見え、匂い、聞こえ、あるいは齧《かじ》られるか（等々）は、複雑ではあるが体系的な仕方でひとの運動に依存している」（Noë 2004, p. 109／一七四頁）という事態である。

目を開けばそれで見えるわけではない。心理学者の観察によれば、私がものを見るとき、視線はせわしなくそのものの輪郭をたどり、面をなでているという。こういう視線の操作で形態を確認しているのである。視線を動かすだけでなく、対象の遠近に合わせて焦点を合わせ直す。また、私がものに触れ、その材質を知るとき、私の手は材質に応じた触り方をする。机のなめらかな面をなでるとき手を大きくゆっくりと動かすが、タオル地の手触りを感じるときは動かさないか、手や指を少し動かすだけにとどめる。ざらざらした麻布では手は動かさない。タオルをなでるときの手の動きが机をなでるときのようでないのは、机をなでるときのように大きく動かすと、タオルの柔らかな感触が十分感じられないからであろう。一方、机は大きく動かすことでつるつるとなめらかな感触を確認できる。麻布では手を動かすと痛い。じっとしていても、手にチクチクとした感触が伝わる。材質に応じた触り方によって、私はその材質の特徴的な感触を引き出しているのである。

このように、知覚は手や目を動かすことによって成りたっている。知覚とは世界の情報を受動的に受けとるだけではない。それでは知覚は成りたたない。視線を一点に固定すれば、その中心以外はぼんやりとした視像しかえられない。人間の視覚において明確に見える部分はごくわずかである。しかしわれわれはそのことにふだん気づかない。というのは通常私は視線を素早く四囲《しい》に巡らせているので、広く見えているかのような印象が作り出されているのである。触覚が手の動きを必要とするという点については言うまでもない。

このように考えれば、現象的意識の経験はそれだけで完結しない。触知対象の材質がよくわからないなら、現象経験はそのことを知らせ、心理学的意識とその指令を受けた身体は、材質を知るにふさわしい動かし方にするよう調整を行う。材質を知るために現象経験からのフィードバックがなされている。現象的意識内容を明確にするための調整に、どうして現象的意識の内容がかかわらないということがあろうか。ここでは現象的意識が、心理学的意識に影響し、その働きを左右しているようである。

「この程度のことは心理学的意識だけで可能だ」と反論があるだろうか。心理学的意識も行動のための情報を必要とする。だとすれば心理学的意識がより以上正確な情報を求めて、心理学的意識所与を明確にあたえられるようにするために知覚器官を調整するということは十分ありうる事柄だろう。こういう調整によって、現象的意識所与が明確にあたえられるようになる。こう考えれば片付かないだろうか。

たしかに、その動物に有用な情報の認知に関しては、心理学的な意識がその処理を行い、明確な情報があたえられるように知覚を調整するということは十分ありうる。心理学的意識は行動出力に結びつく機能を果たすのであるから。しかしながら美しい光景に見入ること、つまり光景をさらに細かく見ていこうとすること、絹の手触りを楽しむこと、これらのことの動機は明らかに現象から来ている。これらの快感まで心理学的意識に帰することはできないだろう。その美しさや快さの感じは現象的意識にあたえられるものとしか言えないはずである。だとすると現象的意識から心理学的意識へのフィードバックがある。現象的意識の所与が心理学的意識に影響をあたえ、より以上にその感じを楽しむことを心理学的意識が命じている。現象的意識の行動への影響がここでも確認できる。

要するに、快苦のような生命的実践的意味をもつ現象的意識所与はもちろんのこと、先に述べた「自然」、つまり動物の生命維持のための情報に直接的には還元できないような現象的意識の所与も含め、現象的意識所与は心理学的意識に影響し、行動を左右しているのである。

一旦、この影響関係を認めるなら、知覚のための感覚器官の調整を現象的意識の影響と認めない理由もなくなる。率直にそれを認めるべきであろう。そしてもしそこまで踏み込むなら、知覚は世界との交渉であり、知覚現象は私が積極的働きかけによって引き出した情報であり、その働きかけは一種の行動である以上、知覚は行動と無縁ではないといえる。行動のための知覚であるばかりか、行動によって可能になるのが知覚なのである。現象的意識を行動やそれによる世界とのかかわりから切り離して考えるのは実情にあわない。進化的観点から、また行動のための知覚、知覚のための行動という観点から、現象的意識を行動と切り離して考えることはできないのである。

受動的な知覚観を退けるならば、現象的意識が無用なものというとらえ方も同時に退けられる。知覚的現象成立のために、また知覚的現象をもったから、行動がなされる。行動にとって心理学的所与だけが重要なのではない。行動に知覚的現象は無用どころではない。

またそもそも、知覚において現象が適切にあたえられるために意志が働かなければならないというだけでなく、現象があたえられること自体がひとつの意志――周囲への漠然とした関心であれ――にもとづいているといえる。ひどく疲れ切ってしまっている場合など、私は世界に関心を向けることができなくなる。関心が世界に向かわず、それが消え失せてしまうとき、私は眠りに陥る。そのとき世界も私の前から消え失せる。何らかの関心が、世界へ向かう意志が、知覚そのものを支えている。こういう意志は何か特定の行動へ向かう意志ではない。そうではなく世界そのものを描き出す漠然とした意志であり、世界への志向性といった方が適切かもしれない。それは世界へ向かってゆくひとつの力を意味している。世界はこの志向に対し「自然」として、現象的意識に対し描き出される。「自然」はその上に特定の志向が築かれる一般的な生の場である。その意味で自然に向かう志向性は生の一般的な志向であり、一般的な実践的志向性である。だとすると現象は最初から実践的志向と関係しているのであり、それから切り離すことはできない。意志と無縁な現象的意識など、最初からありえないのである。

にもかかわらず現象的意識を、意志や行動から切り離された認識を中心としてとらえることは、このような実践との結びつきを捨象してしまうことになる。捨象してしまうから、現象内容が行動に何の役割も果たしていないように見えるだけである。しかし実際は、実践的意義こそ、その現象内容を私に対して浮かび上がらせている条件なのである。

ただ、最後に断っておかねばならないが、右のように理解するとしても、どうして意識が行動に、物質に影響を及ぼせるのかという問題については一歩も進んでいないということも事実なのである。

第三章　心は物質に宿る
——スーパーヴィニエンス——

一章および二章では意識から物質への働きかけを否定したチャーマーズを批判した。彼の基盤には物理世界の閉鎖性についての信念があって、これが心が物質に因果的な影響を及ぼすことを否定させる最大の根拠になっていると言えるだろう。だから物理世界の因果的閉鎖性自体の否定が望ましいが、これは容易とは思えない。そこで、本章および次の四章では、物理世界の因果的閉鎖性を認めつつも、なんらかの仕方でそれと心から物質への因果的影響を両立する仕方がないかという模索を行うこととする。

物理世界の因果的閉鎖性を前提するなら、大きくふたつの選択肢が可能である。意識を物質から独立のものと見る二元論に立つなら、意識は物理世界の因果にかかわることはできなくなる。一方、本章で扱うJ・キムはそうではなく、意識を物質にもとづけられ物質によって規定されるものと見る。意識は物質とは独立の別の原理のものでなく、物質に付随する物理世界の一領域と見なされる。後者の立場で意識から物質への因果的影響を考えることができるだろうか。これがキムの課題である。

チャーマーズも実質上、意識を物質にもとづけられるものと考えている（CM, p. 124／一六五頁）。ただし、チャーマーズでは物質による意識の規定は論理法則による決定ではない。そうではなく、この宇宙にたまたま該当する自然法則による決定である。したがって自然法則の違う宇宙（「ゾンビ宇宙」）では、私とまったく同じ物理的組成をもつが現象的意識をもたないゾンビが可能なのである。

意識をキムのようにとらえる場合──そうでなくても、物理世界の因果的閉鎖性を前提する立場に立つ限り同様だが──、「心的因果」、すなわち物質から意識へ、意識から意識へ、意識から物質への三通りの因果性をどう理解するかが大きな問題となる。とりわけ最後の意識から物質への因果的働きかけ（「下向きの因果」と呼ぼう）の実質が問題である。それらは単なる見せかけなのか、見せかけ以上の実質をもつのか。見せかけ以上のものならそう言える根拠はどこにあるのか。

物理世界の因果的閉鎖性が疑いえないほど自明に思える一方で、心的因果は少なくとも日々生きているわれわれにとっては否定しがたい事実のように思われる。たしかに本書六章で扱う「消去主義」のように、心的因果を正面から否定する考え方もある。しかしながら、物質レベルの因果的閉鎖性に立ちながらも、他方で心的因果を何らかの形で認めようとする打開の試みも多くなされている。本章、次章の議論の中心は、物理世界の因果的閉鎖性と、心的因果が主観的、実践的には実在性を否定しがたいこととの相容れない二極をどう考えていくかという考え方の検討にあてられる。

本章では、キムの議論を批判的に眺める。キムは、物理世界の因果的閉鎖性を認め物質状態による心的状態の決定性を認めながらも、チャーマーズとは異なり、下向きの因果性まで含む心的因果を認容しようという試みを行ったことがある。しかしながら、本章における検討の結果、キムの枠組みにもとづいて考える限りでは、このような正面からの心的因果と物理世界の因果的閉鎖性の両立は不可能と判明する。なお、細かく理由を述べないが、前章で見た現象的意識と心理学的意識の違いについては、物質と心の関係を扱うスーパーヴィニエンスの図式においてはさしあたり考える必要がない。

【三・二】スーパーヴィニエンスと心的因果

物理世界がそれだけで完結した因果世界を形成しているとすれば、意識というような物質に属さないものは、物理世界に因果的影響を及ぼされることが仮にあっても、物理世界に因果的影響を及ぼすことはできないはずである。しかし、意識、とりわけ私の意識は疑いようもなく存在し、そればかりか物理世界と相互に因果的に働きかけあっているかのように見える。この事態はどう説明できるのか。キムは「スーパーヴィニエンス」という概念によって、その事態の説明のためのひとつの方向を模索している。

「スーパーヴィニエンス」(supervenience) とは通常の語義では「続いて起こること」「付随して起こること」というような意味だが、キムは心身の間に「スーパーヴィニエンス」の関係があるといい、その関係を次のように説明する。「心的性質が物理的性質にスーパーヴィーンするというのは、もしあるものが心的性質Mを［時間］tにおいて一例としてもつ (instantiate) なら、次のような物理的な基盤となる性質Pがあるということである。つまり心的性質Mを一例としてもつものがtにおいて物理的性質Pをもち、またPをあるときにもつものが必然的にMをそのときにもつような、そういう基盤性質Pがあるということである」(J. Kim 1998, p. 39／五四頁)(引用の［ ］内は佐藤の補足)。

この概念によれば、あるものがある特定の物理的性質をもつならそのあいだ、その場合だけ、意識はそのものの性質に対応するある心的性質を必然的にもつとみなされる。意識現象の生起は物質現象に基盤を置き、そのレベルで決定されているのである。

「心身のスーパーヴィニエンスは、心的現象を物理的なものの領域内にもたらす。つまり物理的なものが心的なものを決定する。そしてその意味において、心的なものは存在論的に独立の範囲を形成するのではない」(Kim 1998, p. 41／五七頁)。つまり、スーパーヴィニエンスは心を物質の領域に根付かせ、そこに押し込めることによって、心との因果関係はむしろ物理世界内のものと考えられるようになる。こうして心身のある意味の因果を認めながら、それを物理世界内の事柄と理解することで、物理世界の因果的閉鎖性の原則を維持しようとする。

焦点の心身関係はどう理解されるか。スーパーヴィニエンスの関係を想定するなら、心的因果三種類のうち、ものから心への因果については大きな問題はない。問題は残り二種の心的因果（心から心への因果、心からものへの因果）である。

キムは、スーパーヴィニエントなものである意識にかんしてもある種の因果性が成立すると述べている。今の瞬間の心のあり方は、次の瞬間のそれを規定している（ようにわれわれには思われる）。その関係を彼は鏡像になぞらえて説明する（Kim 1984, pp. 257-258.／二二一―二二三頁）。

鏡に映る鏡像の世界のなかにも因果関係があるかに見える。落下して地面に衝突したボールの鏡像は、次の瞬間には跳ね上がって映る。しかし、次の瞬間の鏡像状態（跳ね上がるボールの鏡像）を作りだしているのは現在の鏡像状態（地面に衝突するボールの鏡像）なのではない。そうではなく、次の瞬間の鏡像の原因は、鏡像の元となる現実の世界の現在の状態（地面に衝突するボール）が因果的に生みだした、次の瞬間の現実世界の状態（跳ね上がるボール）である。だから鏡像間の因果は見かけにすぎない。このようなものでしかない鏡像間の「因果」は、現実世界の因果に対する「随伴現象」にすぎない。つまり、現実の物理世界の状態によって一方的、一義的に規定されるものにすぎない。このような鏡像内の因果は「随伴現象的（epiphenomenal）な因果」と呼ばれる。随伴現象においては通常の意味での因果は成立していない。

もし心もこれとおなじように考えられるなら、心と心の間の「因果性」は真のものではなく、心が心に本当の因果的影響を及ぼすことはできないことになる。もちろん鏡像が現実を左右できないように、心が物質に因果的影響を及ぼすこともできないことになる。心的因果は鏡像にたとえられるような因果にすぎないのだろうか。

キムは「随伴現象性」を心と物質の間だけに成りたつ固有のものとは考えていない。彼は「随伴現象性」を、マクロなレベルの物理現象と、ミクロなレベルの物理現象のあいだにひろく妥当するとみなしている（Kim 1984, p. 259／二六頁）。彼はこういう広範な現象の一例として心と物体の関係を考えようとしている。

閉ざされた空間内では気体の温度上昇が圧力上昇を招くというようなマクロレベルの事象は、ミクロレベルの気体の分子の運動法則によって説明される。「マクロ的因果関係は一般にミクロ的因果関係に還元できるものとみなされるべきである」（Kim 1984, p. 263／三三頁）とキムは述べる。マクロレベルの因果をこのように理解することも、マクロ的因果を「随伴現象的因果」とみなすことだという。

ただキムは、すべての「随伴現象的因果」が鏡像間の因果のような見せかけの（apparent）[13]因果というわけではないという（Kim 1984, p. 258／二三頁）。たとえば気温上昇による気圧上昇のようなマクロ因果性はそのような見せかけのものではない。これは「実在」の因果性だという（Kim 1984, p. 265.／三八頁）。実在としてのマクロ因果はミクロ因果にスーパーヴィーンする因果として「スーパーヴィニエント的因果」だと呼ばれる。つまり「随伴現象的因果」は実在の因果といえるマクロ因果である「スーパーヴィニエント的因果」と、見せかけの因果でしかないものとに分かれるというのである。そして単なる見せかけでない実在の因果として、前出の「スーパーヴィニエンス」にもとづく因果を考えようとする。「心的因果つまり心的できごとを含む因果」（Kim, 1984, p. 259／二六頁）も「スーパーヴィニエント的因果」だという。

心的因果のうち、一番問題となるのは心から物質への因果関係であるが、それは、次のように説明される。「心的できごとMが物的できごとP^*を引きおこすとき、これはMが物的できごとPに対しスーパーヴィニエント的であり、PがP^*を引きおこすからである」（Kim, 1984, pp. 267-268／四三頁）[14]。ここでは、Mが直接物体に働きかけ、P^*を引きおこすのではない。P^*を引きおこすのはP^*に時間的に先立つPの役割である。P^*に先行し、MがスーパーヴィーンするPが、P^*を引きおこす。つまり物体間の関係で因果が生じている。MがP^*を引きおこしたように見えても、真の原因はPである。ここでも心と物質との間に、ミクロの物質間にあるような、掛け値なしの因果は成立しない。

心のなかでの「因果」も同様である。「心的できごとMが別の心的できごとM^*を引きおこすとすれば、それはMが物的状態Pにスーパーヴィーンし、またM*がP*にスーパーヴィーンし、そしてPがP*を引きおこすからである」(Kim 1984, p. 268／四三頁)。

しかしこれなら心と心、心と身体の因果はあくまで鏡像のたとえで見られたのと同じような見せかけではないか。心が心に直接働きかけているのでも、心がものに直接働きかけているのでもなく、それぞれの因果は物的因果の反映にすぎないのだから。しかし、キムはこれを「見せかけ」とは理解しない。鏡像間の因果のような見せかけの因果とは異なり、この種の因果は「実在」だという(Kim 1984, p. 268／四四頁)。

しかし一体どこが違うのか。心から心への、また心から物質への直接の因果関係を一旦否定しておきながら、なおかつそれが実在だというのは非常に分かりにくい。

キムによれば、心的因果などのマクロレベルは、その部分となるミクロレベルにスーパーヴィーンする形で生じたもの――「メレオロジー的スーパーヴィニエンス」と呼ばれる(Kim 1984, p. 264／三六頁)――であるが、鏡像間の因果のようなものはそうでないという違いがあるという(Kim 1984, p. 265／三八頁)。常識的に心的因果と鏡像因果の間に決定的と思えるような差があるのは分かるが、しかし先のように心の内部の因果と心から物質への因果とが直接に成りたつことを否定してしまう以上、どういう弁解をしようと、これらの因果どちらも「見せかけ」であるとしかいいようがないのではないか。心は心や物質の変化の直接の原因ではないだけでなく、間接の原因でさえない。直接間接を問わず、原因として働きかけることは、物理世界の因果的閉鎖性を認めた時点で否定されているからである。だとすれば、これらの因果は因果と見えているだけと言わざるをえない。キム本人も、のちにはこのような仕方で心から心、心から物質への因果を考えることはできないと認めている（Kim 2011, pp. 294-295.）。

気体の温度と気圧の関係のようなマクロ的「因果」との類似性がキムが心的因果を実在のものと認めようとする根拠であるが、しかしむしろ、マクロ的「因果」も含め、真正の因果とは言えないと考える方が一貫しているのではなかろうか。物理世界の因果的閉鎖性を認める限り、「スーパーヴィニエンス」という概念を使っても、心的因果を真正のものと認めるのは難しいと言わざるをえない。

また、キムに対して次のような批判も可能であろう。キムはマクロレベルの因果とミクロレベルの因果に範をとりスーパーヴィニエンスの説明を行っている。「心的因果、すなわち心的できごとを含む因果はマクロ的因果にふくめてよい」（Kim 1984, p. 259／二六頁）とされる。心的因果はスーパーヴィニエント的因果である。しかしここで私は、心的因果をマクロ因果に含めて考えることに疑問を感じる。気体の温度上昇と気圧上昇の関係を例にとろう。気体の例の場合、ミクロの因果が成りたつのもマクロの因果が成りたつのも、どちらも第三者的な立場からの客観的観察による。ほかのどのミクロ、マクロ因果も、第三者的観察にもとづくものと言える。しかし心的因果についてはそうではない。唯一これについては主観的な観点という別の観点からの観察結果が入りこんでいる。心的因果は第三者的観察によるのではない。この一人称、三人称の混在は許容できるものか。勝手に別のカテゴリーのものを導入するなら、通常のマクロ因果との差異が生じ、通常のマクロ因果にたとえる手法の説得力が失われてしまう。

問題が単に一人称、三人称という人称の違いにつきないのは言うまでもない。一人称の認識はさまざまな困難をはらみ、それゆえに学問においては三人称的な認識が心がけられるのだが、意識（とりわけ現象的意識）はこの禁を破らずには語れない。一人称認識のはらむこの困難に目をつぶって、三人称的認識と同等に扱うことは見過ごせない問題である。

つまり、一人称を三人称にたとえるということがマクロ因果にたとえることの説得力の源泉だが、三人称にたとえたまさにそのことが、たとえの説得力を損なっているのだ。

さらにいえば、心が一人称でとらえられる範囲でとどまるのかという問題もあるだろう。「無意識」と呼ばれる心の領域はその当人の一人称的把握をこえるが、それと一人称的に把握された心とを継ぎ合わせれば心の全域という単純な話でもなかろう。「無意識」の心も、心と呼ばれる限り一人称的なカテゴリーで説明されることもあるが、そのことが許されるのかという問題もある。問題点は尽きない。

あるいは次のように反論されるだろうか。――「チャーマーズのいう『心理学的意識』に限っては、それを三人称的にとらえることに問題はなかった。だとすると心理学的意識に限って先述の類比を考えるなら、人称の差というような困難は生じない」、と。

しかしながらこれは問題の解決ではなく、回避にすぎない。チャーマーズの考えでは一番の問題は心理学的意識ではなく現象的意識であり、それは一人称的にしかとらええない。だから現象的意識の問題を回避して類比に成功したとしても、彼に言わせればそれは大して意味のない成功だということになるだろう。しかし現象的意識を同様の類比によってとらえようとすれば、先述の一人称・三人称の困難に突き当たるのである。

キムのようにマクロ因果一般のうちに心的因果を含めて考えても解決にはつながらない。せいぜいできることは、ミクロ因果とマクロ因果の関係から、ミクロ因果と心的因果の関係を解くための手がかりや着想をえるという程度のことであって、マクロ因果に解決の論拠を求めることはできない。

【三・二】スーパーヴィニエンスと意志の自由

キムの議論を離れて、スーパーヴィニエンスについて改めて考え直してみたい。下向きの因果を認めることが課題であるため、その方向で自ら考えてみたい。

ありふれたモデルだが、コンピュータをひとつのモデルとして考えてみよう。コンピュータは物質的な因果の規則に従って作動し、一切それをこえたものはもたないと思われる(チャーマーズのように考えるならコンピュータも情報を扱うので意識をもつことになるだろうが、そういう前提に立つ人は少ないだろう)。しかしその機械は計算や翻訳などといった人間的意味をもつ課題を果たすべく作動する。物理的な基礎が意味的な活動を支えているのだが、むしろ意味的な活動が主導して、物理活動が生じていると言える。どうしてこの回路にこのときに電流が通ったのかを説明できるのは、意味的な活動の方であり、それを可能にするためにこの回路にこういう仕方で電流が通ったのである。たしかに電流が通った理由を、純粋に機械のレベルで説明することもできる。しかしながらその機械自体、計算や翻訳というような役割のために製造されたものである。目的性が物質的基盤に根付いてそれを動かし、また、その目的性が物質としての機械を可能にしている。

動物についてもおなじことが言える。動物も目的的な存在である。しかし機械の目的性はその製造者が機械にあたえたものであるのに対し、動物の目的性は誰があたえたものなのか。それをあたえたのは、進化の過程である。進化が動物に目的をあたえたのである。[15]

このような目的性や意味性はコンピュータや動物の存在や作動がそれをめぐって組織されているという意味で、物質のうちに根付き、システムがそれをめぐって組織されている。意味は物質の上で並行的に自己を実現できるのである。これもスーパーヴィニエンスと言えようが、おなじスーパーヴィニエンスといっても、私が木々に美を感じたり建築材料としての意味をあたえたりするときのそれとは異なる。木々に美を感じたり、道具的な価値をあたえるとき、その意味はその対象に根付いていない。その対象はその意味をめぐって生み出されたのでもないし、その意味をめぐって作動なり成長しているわけでもない。ただ私がそれに人間的な意味を勝手に主観的にあたえているだけである。

意味と物質の関係は心身の問題について何か示唆をあたえてくれるだろうか。意味は主観的なものだから、物質間のモデルを心身の問題に適用しようとした前節のキムの轍《てつ》を踏むことにはならない。主観的なもので、意識の産物であるからこそ、意味・物質関係は意識・物質関係に示唆する面もありそうである。

しかし意味による生物体の作動から意識を考えようとしても、意識に関して進化という道具で扱えるのは行動に影響するものだけである。だとすれば、行動にかかわる心理学的意識だけで進化の話は済むのではないだろうか。もしチャーマーズのいうように現象的意識が行動にかかわらないものなら、現象的意識を捨象しても進化をめぐる議論はできてしまうのではないだろうか。そうなら現象的意識が無用だという結論は必然である。

コンピュータについても同様である。現象的意識の問題を考えるとき、技術者の介入をどう見るかが問題になる。それを進化の介入になぞらえて、技術者の介入は出力のあり方にかかわる部分に限定するというのがひとつの考え方であろう。なぜそれ以外のことを技術者が配慮するであろうか。[16] そうするとコンピュータの「経験」――仮にこれがあるとして――のようなものは捨象されてしまう。ここでも「現象的意識は無用」といわざるをえない。現象的意識が欠けているならゾンビ同様で「意識」はないことになるので、このモデルによって意識のあり方を解明するという当初の目的は果たされない。

もし無理にでもこのモデルで考えようとすれば、心理学的意識で済むものを現象的意識に置きかえるというような操作をせざるをえなくなる。しかしそういう操作は、モデルの信頼性を奪うだけである。前節でキムが心的因果を「メレオロジー的スーパーヴィニエンス」に無理に当てはめて説得力をえられなかったのと同様の結果に至るであろう。

このように考えると、現象的意識と物質の並行関係を解く鍵を求めてほかのスーパーヴィニエンス関係を眺めていても、何かヒントがえられるとも思えないのである。むしろ、このような挫折によって、現象的意識の問題は、その現象的意識の境界をこえる自由意志の問題とひとつだということがますます明らかになってきた。現象的意識は、現象を経験するだけにとどまらず、（心理学的意識の働きとされる）意志行使に影響を及ぼせなければならない。それができないと生存に影響して進化にかかわることができない。そしてこの自由意志の、物質を動かしうるという特異性を真剣にとらえるなら、前節で見たとおり、心身関係はスーパーヴィニエンスという関係ではとらえきれないのである。意識にもっと独立性をもたせねばならないのである。

現象的意識の問題は自由意志の問題とひとつであり、前者は後者に影響を及ぼすことができねばならない。その限り、現象的意識に課せられてきた「行動に因果的影響を及ぼせない無用のもの」という評価の廃棄が出発点である。そして現象的意識から自由意志による行動へつながる一連の活動をそっくり認めるように、意識観を組み替えることを目指さなければならない。

第四章　運命を知りえぬことが、自由を私たちに残さないか

前章までの議論では、物理世界の因果的閉鎖性テーゼに否定的な論拠を集めた。ただ、肝心の、現象的意識に影響された自由意志による物質への下向きの因果のメカニズムはまったく解明されていない。私もこの点について本書で一歩でも前に進めるわけではない。だとすれば、まだこれだけの議論でこのテーゼを断念せよと迫るには裏付けが乏しい。このテーゼを維持しながら、現象的意識の存在を認める、何か別の可能性はないだろうか。

前章一節のキムの方策は、心的因果と物質の因果をマクロ・ミクロのスーパーヴィニエンス関係一般の一例として位置づけ、それによって解決しようとするものであった。しかしながらまさに心的因果の一人称的なものとしての特異性がそのような一般化を許さないのであった。この失敗をうけて、私はむしろ現象的意識の特異性、その一人称的観点を維持する方向で、私独自に両立策を検討してみたい（誰でも思いつきそうな案でしかないけれど）。本章の議論も、心的状態を物質状態によって決定されている秩序とみなすかぎりでは、「スーパーヴィニエンス説」のひとつといってよかろうが、キムのように両者の関係をマクロ・ミクロの関係の一例とはみなさない。そのため本章の案は前章でキムに対して指摘した問題点を免れている。この案はチャーマーズやキムを論じた箇所と異なり、「心の

哲学」の有力な議論を紹介するものではない。むしろ主観的な意識のあり方を尊重している点で、現象学的にも受けいれやすい面があるように思われる。

ただ、検討の結果、最終的にこの考え方は受けいれられないと判明する。

【四・一】どう決定されているか知ることができない

仮に、物理世界の因果的閉鎖性のテーゼが基本的に正しいのだと仮定してみよう。意識があるとしてもその働きもそれへの現象もすべて物質の状態によって決定されているのである。先述のように意志の自由がもし本当の意味で存在するとしても、その自由は心理学的意識の機能であるはずだが、仮定によれば自由はないのである。

そして第二の仮定として、私は今、自らが自由をもたないという右の事実を知ったとしよう。しかしそれでも私は、決定されているという事実をこれからの人生に反映させることはできないだろう。決定されているからといって、何も決断しなくてよいことにはならない。決断は迫られる。参加の返事を出した学会にそのまま行くか、キャンセルの連絡をするか、無断で行かないか。私がどれを選ぶかは物質レベルで前もって決まっているとしても、私はどれかを選ぶ必要がある。いずれも本当の意味で自由な選択ではないかもしれないが、それでも選ぶかのようにふるまう必要がある。どれも選ばないことは不可能である。すべてが決まっているとしても、ふつうに考えられる「運命論者」のイメージそのままに、人生に対して無気力になるしかないわけでない。無気力になるのもひとつの選択であり、積極的、計画的に生きるのと同様のひとつの選択である。「その選択も実はそう選ぶと決められていただけだ」とひとは言うかもしれないが、それはあとになってそう言えるだけである。どう決められていたか知らない以上、すでに決められているということなど知らないかのように選ぶしかない。あとから誰かが私のその決断を見て、「そう選ぶよう決まっていたのだ」と言っても、私の決断に何ら影響することはない。

しかしながら、これは私が具体的にどう選ぶか分かっていなかった場合のことである。だが、前もって決定されているなら、どう決定されているかを知ることもできるはずではないか。私自身がどう選ぶかをあらかじめ知っているとすればどうか。

このような事態では、物理世界の決定性が、主観的には維持されている意志の自由に影響を及ぼしうるように思われる。「物理世界の決定論が成りたっていてもどう決定されているか知らないから主観レベルに影響はない」という楽観的な見方が通用しなくなる。どう決定されているかの知識は、私の日常的な心的因果の知識よりはるかに確実で客観的なものであるなら、私は主観的な心的因果の知識を物質状態の、そしてそれによって決定される心的状態の知識に置きかえることができるしそうすべきではないのか。もちろん、私はそういう決定論的知識に対し知らぬ顔をして今まで通り生きることはできる。しかしながら少なくとも学問的には、完全な心的状態の知識がありながら、不正確な日常的知識を優先するという扱いは許されないだろう。つまり、主観的な「意志の自由」を物理世界の因果的閉鎖性と両立させる試みは、少なくとも学問的には成りたちえない、と言えるのではないか。

この場合に、「結果を知ったらそれに反する決断ができるのではないか。だとすればその知識はどう選ぶかの最終的知識ではなくなる。また、さらにその変更後の知識についても、それにもとづいて変えられ、結局本当の知識はえられないのではないか」という疑問もまた生じるかもしれない。このパラドクスは本節末でとりあげなおす。

もちろん、現在の科学の水準では、自分がどう選ぶかについての確実な知識はえられない。脳の微細な構造も含めて脳状態を一挙にスキャンして知ることはできないし、そのスキャンが仮にできたとしてもその結果がどういう心的状態に対応するかという対応関係もほとんど分かっていない。しかし将来的には、こういうスキャンと脳―精神対応関係の知識とにより、今私が何を考えているのか、そして次の瞬間、また任意の瞬間に私が何を考えるのか、ということを知ることは原理上できそうに思われる（物理世界の因果的閉鎖性テーゼを認める限り）。そうして学問的には私はこうしてえた確実な知識に頼り、自らの心についての不確実な心理的観察による知識を放棄すべきであろう。

しかし「原理的には私の心理を決定する物質について完全な知識が獲得でき、それにもとづいて私があるときに何を考えるか必然的な推測ができるはずである」という主張は正しいだろうか。意識――現象的意識であれ、心理学的意識であれ――を支える物質的相関者は、まず、恐ろしく複雑な脳神経のネットワークとそこにおける電位分布の状況だと予想される。これだけでも複雑極まりないが、さらに意識は外の世界に開かれており、感覚器官を通じた刻々の情報が流入してくる。このようなこの上なく複雑な物質的条件によって意識が決定されている。だとすれば、仮に物質状態と意識の一対一対応が成立し、またその対応原則も分かっていたとしても、それでも物質状態から意識状態を推測導出することは少なくとも事実上困難である。というのも外から流入する情報も含むあまりに複雑な現実の状態をくまなく測定することの困難があるからである。

重要なことは、この測定はおおよそのものではいけないという点である。このような複雑な系は——物理世界の因果的閉鎖性テーゼを受けいれて考えるなら——決定論が成りたつため「決定論的カオス」と呼ばれるが、このような系では微細な初期条件の差異が大きな違いにつながる、「初期値鋭敏性」をもつ(M. Mitchell 2009, p. 20. /四五—四六頁)。この初期値鋭敏性は周知の「バタフライ効果」を生む。つまり、地球の気象という複雑系のなかでは一匹の蝶の羽ばたきがそこにくわわっただけで竜巻を引きおこしかねないというように、わずかの変化が大きな変化につながりかねず、少しでも不確定なものが残ると私の意識状態の予期は不可能になる。あるひとは新聞で見かけた記事で美術展の情報を得て次の日曜日に新幹線で東京に出かけるかもしれない。しかし新聞のそのページを開いてもささいな偶然でその記事を見過ごしてしまうかもしれない。わずかの差が次の日曜のそのひとの身体位置の大きな違いを生む。身体条件の大きな差のため、それを反映する心にも大きな差が生じるだろう。

この予期不能性を回避するためには、無限の正確さと無数の条件を知ったうえでの推論が前提される。こういう推論を現実の人間に対して行うことは、どんなに技術が進んでも不可能である。生体に影響をあたえずあるひとの脳、身体の全状態を知りうる技術が生まれたとしても、まだ外部からの影響——いまの例では新聞記事——が流れ込んできて、脳に影響し、それが大きな違いを生む。これらを遮断するには、実験室に閉じ込める操作を必要とする。これでは現実の暮らしのなかでのそのひとの意識状態の予測などできないことになる。それを回避するには環境をも測定しておかねばならぬが、環境内部で相互に影響しあっている以上、厳密には地球全体を測定せねばならない。これは有限な測定能力しかないわれわれには原理上不可能と言っても過言でない。

予測の対象が第三者でなく、私自身の場合でも、事情は変わらない。客観的な物質的身体の測定で得た情報だけでは、自分がある時点に何をするか、確実な予測をすることはできない。私が決定されていて、決定されているということを知ることができても、どう決定されているかその具体的な知識をえることができない。少なくとも日常の生に関しては原理的にできないのである。

そしてその結果、先に述べたように、決定されているということを知らないのと変わらない生き方――つまり今まで通りのわれわれの生き方――を続けるしかないのである。現象学的な立場に立てば、私は自らの意志の自由や意志による身体作動を否定できないが、こういう立場を前記の仕方で確保された実践上の自由は肯定する。

ただし、実践レベルでこうなることは当たり前かもしれない。仮に物質の状態から心的状態を正確に知ることが可能でも、それを拒んで生きることもできるわけだから。しかしながら学問的にはどうか。実は主観的自由の肯定は学問的レベルでも同様である。つまり、意志を含む心的状態も行動も物質の状態によって決定されていることを認めるとしても、物理的レベルから積み上げる仕方での推測によるのでは、どう決定されているかについて正確な知識は原理上えられないし、そういう予測はかえって非常に不正確である。むしろ日常的な予測の方が正確さの点では勝るほどであろう。次の日曜どうするつもりかそのひとに聞けば一定の精度での予測はつく。だとすれば学問的にも主観的な推測を物質の状態からの推測と置きかえねばならないということにはならない。後者の不確実さゆえに、学問的にも決定論と現象的事実としての自由との両立を図るべきだと示せるように思える。こうして決定論に冒されない、主観的自由の領域が確保できたように思える。

なお、このように考えることの別のひとつの利点として、本節最初の方であげた次のようなパラドクスを回避できるということがある。——「もし将来の自分の行動を知ることができるならその知識を受けて別な行動をするようにできる。その場合に最初の『知識』は将来の行動の正しい知識ではないことになる。そしてこの変更後の行動もおそらく原理上知ることができるだろうから、それを考慮してまた行動を変更できる。そうすると真の知識はありえないことになるのか。あるいはそれとも、このような変更の連続は最終的に知っても変更できないような極限に達するというのか」。——しかしながら、右に考察してきたように、将来の行動に関する正確な知識を得ることが原理上不可能だと考えるなら、こういうパラドクスも回避できる。これも右の考えの利点である。

なお、前章ではキムのマクロ因果としての心的因果のとらえ方を批判し、心的因果をほかのマクロ因果とおなじ仕方でとらえていないため類比が成りたたないという問題点を指摘した。たしかに本章の議論も意識状態を物質状態によって決定されるものとみなす点でスーパーヴィニエンス説にもとづいている。またその心的因果のとらえ方が主観的なものであって、脳、身体に関しては客観的に理解している点でもキム同様である。しかしながら、マクロレベルのとらえ方との類比を説明に使っていないから、前章でキムに関して指摘したような問題が生じることはない。つまり、現象的意識に関して主観的なとらえ方をすることが何か問題を引きおこすことはない。

【四・二】進化論上の問題点

しかしながら進化の問題は、この議論にとっても大きな障害になる。進化の末に現象的意識が生まれてきたことを考えれば、現象的意識は生存に役立っているはずである。現象的意識が生存に役立つためには、それ自体は心理学的意識の機能である意志を介して、現象的意識が行動に影響を及ぼしうるのでなければならない。逆にもし心理学的意識が意志の自由をもたないとすれば、現象的意識が何かの理由で生まれたとしても、現象的意識の所与は行動に影響を及ぼせないから、現象的意識は無用のものとなる。その場合、現象的意識維持のための無駄な負担を削減するため、現象的意識が生まれたとしても早晩消えて行くはずだと予想される。一章二、三節で見たチャーマーズの議論のように、現象的意識をもつために脳に余分な負担は必要ないというのなら別だが、彼の考えはそこで検討したようにかなり無理がある。

しかし一方で、私が現象的意識をもっているという事実は、このような予想が的外れであることを証明している。現象的意識はおそらく生存上の何かの役割を果たしているのである。そして役に立つためには、心理学的意識は自由意志をもち、現象的意識は自由意志を介して行動に影響をあたえてきたのでなければならない。

現象的意識が一章四節で見たロビンソンらがいうような「スパンドレル」、つまり副産物か進化上の偶然の産物で生存の役に立っていないという説はどうか。しかしおなじところで見たように、これだと欲望など価値的な諸性質がそろって生存をうながす現象的内容をもつことが説明できないのだった。現象的意識はやはり行動に影響を及ぼすことができるのである。そして影響を及ぼすためには自由意志が存在するのでなければならない。

したがって、本章で検討した物質レベルでの決定論と主観的自由意志との両立策も、一章以下のチャーマーズや三章のキムらの議論と同様に拒絶されねばならない。私のこの両立策は、真の意味での自由意志を認めていないのであり、この両立策では現象的意識は本当の意味では行動に影響をあたえられないのだから。むしろ必要なのはこの両立策のような主観的な意識の因果と客観的な意識の決定性の弥縫《びほう》策でなく、意識（心理学的意識）が意志によって行動を起こせるということを、つまり真の意味での「下向きの因果」が存在するということを正面から認める道である。

また、本章の議論は予測不可能性を手がかりとした議論であるが、意志を認めるためには単に予測不可能であれば十分だということにはならない。それによって確保できるのはせいぜい恣意の自由にすぎない。恣意の自由は生存適合性を高めるとは限らない。本当の意味での自由とは現実の自由であり、それは生物の生において役割を果たしている自由である。そういうものとしての生存のための自由が語れるためには、自由な意志行使が生存適合性を高めるようなものである必要がある。そのためにはまず外界についての情報があたえられていて選択の際に参照できることが必要である。こういう情報がないと、選択も行き当たりばったりのものに堕して生存適合性を高められない。行き当たりばったりの選択は、かえって生存に不利になりかねない。むろん、意志にしたがって身体が作動することも必要である。自由な選択を行動によって現実化し、生存適合性を高めるために活用できなければならないのだ。このような、選択を実質化し選択によって生存適合性を高めることのできる諸条件が保証されねばならない。単なる予測不可能性を確保しただけの前節のような「自由」では、この点についても不十分である。

第五章　意識は瞬間ごとに死ぬ？
――ひとつの懐疑――

【五・一】意識は瞬間ごとに死ぬのか

物理世界の因果的閉鎖性にもとづき、スーパーヴィニエンスによって意識が生まれるが、下向きの因果は不可能だと考えるのが、ある意味主流の考えである。チャーマーズもこれを支持しているし(CM, p. 160／二〇六―二〇七頁)、先に触れたように、キムものちには下向きの因果をはっきり断念してこのような見解に移行した。一方、私はこの考えを批判している。そこで私はさらに、この考えに立ったばあいに生じてくるさらなる問題を指摘しておきたい。この考えにもとづくと意識が連続性をもたない、瞬間的なものになってしまわないかという疑念である。この問題もこの主流の考えを受けいれがたくする理由となる。

私は自分の意識は時間的に連続していると思っている。現象的意識であれ心理学的意識であれ同様である。しかしもし三章で見たように、意識が物質にスーパーヴィーンする形で生じているのだとすればどうか。鏡像のたとえを思い出してみれば明らかなように、瞬間瞬間の意識はそのときどきの物質から生みだされるだけである。ある瞬間の物質は因果的にその直前の物質によって規定されている。その意味ならその物質は時間的に連続しているといえるだろう。しかしながらその連続した物質（脳）にスーパーヴィーンしその状態を反映する意識は、連続的といえるだろうか。今の瞬間の意識状態は、現在この瞬間の物質状態の反映である。それぞれの瞬間の意識は後続意識を本当の意味で因果的に規定するわけではない。それゆえ瞬間瞬間の意識はそれぞれ別々のものである、といいたくなる。各瞬間の鏡像がそれぞれ因果的に結びついているように見えても、実は別々のものであるのと同様である。一瞬鏡の前を障害物が横切って、鏡像が映らなくなっても、その次の瞬間鏡像はその中断がなかった場合とまったくおなじように映る。鏡像間に因果関係がなく、物理世界の因果を瞬間瞬間映し出しているだけ――ここまでの議論ではスーパーヴィニエンス説にもとづいて認めることのできるのはこういう意識のあり方だけである――だからこういうことも可能なのである。

意識も鏡像同様に、瞬間ごとに別のものだと考えてみよう。もしそうなら、ある瞬間の意識は次の瞬間に消失し、次の瞬間の別の意識にとって代わられる。しかし、そうであったとしても各瞬間の意識は脳が提供する記憶に頼って、「今のこの意識は過去から続いている、そして未来も続いていく」という内的な理解をもつことができる。これは現象的意識についても心理学的意識についても同様であろう。心理学的意識については想起により連続性の判断を下すことができる。過去の記憶の想起は、それが過去のものとして確認できるなら、現在の意識のその過去との連続性の証拠となる（と思われている）。現象的意識については、現象的に時間の流れを私は直接経験しているから、過去との連続性もまた感じている。このことが動かぬ証拠になる（と思われている）。ただ、現象的意識についても、直前の時間は記憶によって把持《はじ》されているのだろうから、その意味でどちらの意識においても記憶に頼って意識の連続性が認められている点はおなじである。しかし仮に意識が瞬間ごとに別のものでも、どの意識に対しても、記憶が新しく生まれた意識に過去のことを自らの事柄であるかのように告げ、「思い出させる」ことは可能である。

仮にこのような事情ならどうなるか。実際は次の瞬間に意識は死んでいるのだが、死んだ意識が自らの死を理解することはないし、新しい意識は自分が新しく生まれた瞬間的なものだと理解することはなく、記憶にもとづき連続性を信じている。だとすると結局、意識の瞬間性の事実はいつのどの意識に対しても明らかにならないのである。もちろん、第三者の目にも、このことは明らかにならない。現象的意識はそもそも存在自体が第三者の目に明らかでないから、瞬間瞬間断絶しているなどという推測を第三者に動機づけるものはない。心理学的意識についても行動によって推測される限り何ら断絶性を示唆するものはない。死んだ各瞬間の意識にも、次の瞬間のそのひとの意識にとっても、そして第三者の目にも、意識が継続しているかのように見える。またこのことで各々の瞬間の現象的意識にあたえられる所与の質（「クオリア」）に何かの違いが生まれることもないのである。

意識がこのようなものであっても進化の現実に不適合な帰結は生じない。進化的観点から重要なのは、意識が実現する行動の適応性であって、意識が実は細切れのリレーであっても、その細切れがそれぞれ──誤解にもとづいてであれ──連続的なものとして自分を意識していれば、連続した意識と同様の機能を果たせる（意識が行動に影響できる場合だけでなくできない場合でも、連続した意識とリレー意識の差はない）。行動に表れる機能だけが生存上重要であり、それゆえ進化上の意義をもつ。それぞれの瞬間の意識が連続性を信じているなら、それらの意識がどうなるのか（一瞬後になくなるのか否か）は行動には一切反映されない。すなわち断片化も進化にかかわらないこととなる。

【五・二】パーフィットの「人格の同一性」

ここまで意識の時間的連続性・不連続性を問題にしてきたが、意識について「連続」ということがどういう意味をもつのか、どういう条件により連続を語れるのかまだ曖昧といわざるをえない。物質については時間的連続性を問題なく語ることができるが、物質の連続性は客観的な観点からのものである。通常、客観的な観点から連続性を語るなら、それは物質としての時空内での連続性があることが指標とされる。ただその場合も、鏡像のようにそれぞれが因果的に無関係であってはならない。一瞬前のその物体の存在が次の瞬間の物体の存在の（主たる）原因となっているというように、それぞれの間に因果的なむすびつきがあるということが必要であろう。しかし物質による意識の決定という前提の下で意識を語る場合、各瞬間の意識の間に物質とおなじような因果的な時空的連続を認めるのは困難である（本章一節で見たとおり）。また、意識の連続性を語る際に、物質とおなじように因果性概念を使えるという保証もない。たしかに、意識は主観的な連続性の基準をもち連続性を信じているものの、それは前節で見たように、意識そのものの連続性との乖離を含みうるように思われる。では、主観的連続性と区別される意識そのものの連続性とは何であり、またそれは現実の意識において成立するものか。先述の物質のような因果的連続性に頼れない条件で、どこに連続性を見いだしうるか判断は難しい。主観的自覚的には判断できないという点がネックであるが、しかし違いが生じるのはまさにその主観的レベルでしかない。第三者的には、その違いは明らかにならない。以下、D・パーフィットの議論を批判的に参照することで、この点を明確化してみたい。

パーフィットは『理由と人格』(D. Parfit 1984.) のなかで、人格 (person) というものをほかに還元できないものとみなす「非還元的見解」を批判する。この「非還元的見解」には、たとえば人格を実体と見るデカルト的な立場などが含まれるという (RP, p. 210／二九三頁)。これに対しパーフィットの奉ずるのは、「還元主義的見解」である。これは人格の同一性について、人格よりも基礎的な基準で判断しようとするものである。過去の哲学者の例では、その基礎的基準とは物理的な基準 (たとえば身体の連続性) や心理的な基準であり、その基準を満たせば同一と判断する。還元主義的見解によれば、「人格」にはそれ以上の内実はない (RP, p. 343／四七〇頁)。パーフィットは還元的立場のうちでも、物質的な連続性——たとえば脳の連続性——の重要性を否定し、心理的な基準への還元を主張する。

具体的には彼は、人格の実質は彼が「関係R」(relation R) (RP, p. 215／二九九頁) と呼ぶものに還元されると述べる。「関係R」とは、「正しい種類の原因をともなう、心理的連結性 (connectedness) および／あるいは心理的継続性 (continuity) のこと」(同所) である。前者、つまり「心理的連結性」とは「特定の直接的な心理的連結をもつこと」(RP, p. 206／二八七—二八八頁) であり、たとえば子供の時の経験と今の私が直接的に記憶でつながっていることである (RP, p. 205／二八七頁)。これがあれば「関係R」が保持されている。

一方、後者の「心理的継続性」とは「心理的連結性」を連鎖的な仕方で間接的につなぐ関係のことである。三〇年前の私は一五年前の私との強い、すなわち十分な直接的連結性があったし、一五年前の私は現在の私と強い連結性があるとしよう。しかしそれにもかかわらず、三〇年前の私と現在の私との間には、強い連結性がないということはありうる。しかし人格同一性は「推移的」(transitive)である(RP, p. 206／二八八頁)から、三〇年前と直接強い連結性がなくても、強い連結性が「重なり合った鎖」(同所)のようにつなげる仕方で、三〇年前と一五年前、一五年前と現在とを「推移的に」つなげることは可能である。そういう仕方で、直接の強い連結性が欠けている三〇年前の私と現在の私とのあいだでも「心理的継続性」が存在しうるし、それによって直接の心理的連結性がなくても関係Rは保たれうるというのである。

通常、「人格同一性」は「関係R」に置きかえられる。しかしながら例外的に両者は乖離する。それは脳分割の場合で、このとき元の私の身体の中にふたりの独立した主体が生まれるが、いずれも分裂前の私と関係Rを保ちうる(それぞれが記憶を継承している場合)。しかしながら人格の同一性という観点からは、同一性は断たれてしまう。というのも「人格」をどう考えようと、この場合に主体の一方だけを元の私とおなじ人格と呼ぶことは恣意的である。かといって両方をそう呼ぶこともできない。元の「私と、結果として生まれたふたりの人々(people)とは、一にして同一の人格(person)ではありえない」(RP, p. 262／三六二頁)。だから分裂において人格同一性は断たれてしまう。しかしそれでも分裂して生まれた人々と元の私との関係Rは残りうる。そして関係Rだけが残るその人々は、その人々との人格的同一性が欠けても私にとっての重要性があるといえるとパーフィットは考える。

この「私にとっての重要性」とは、そこで私が生き続けていると見なせるということを意味する(RP, p. 260／三五九頁)。ところでこの「私にとっての重要性」は今まで「人格同一性」がもつと想定されていたものである。むしろこのことから、人格の同一性は実は重要ではなかったと判明したのであり(RP, p. 263／三六三—三六四頁)、真に重要性を担っていたのは関係Rだということが明らかになったという。

そこから彼は、私の正確な物理的複製ができた場合のことを想定する。地球上の私を細大漏らさず完全にスキャンしてその情報を元に同時に火星にその情報にもとづく私の完全な複製を作る。しかしその際、地球上の私はそのスキャンのために解体されてしまう。一方、火星上の私の複製は今までの私の記憶をすべてもち、地球上の私と心理的に連続しているだろう。先のパーフィットの議論が正しいなら、火星の複製と地球上の私との間には関係Rがそっくり損なわれないで残っているから、両者の関係は、私が次の瞬間(もし解体されずに)地球に生きのびたならその私と現在の私とがもつ関係とおなじ関係である。それは地球上の私とおなじくらい私である。実際は私は地球上では解体されてしまうものの、いわば火星に「遠隔輸送」されたようなものである。この「遠隔輸送」を恐れるのは不合理だと彼はいう(RP, p. 285／三九二頁)。

【五・三】関係Rが経験する私か

しかしながら私はこの議論に大きな疑問を感じる。大事なのは、私の経験が記憶として継承され関係Rが成りたつということだけだろうか。むしろ経験する「私」が存続するのかどうかが問題ではないのか。たしかに火星の上に作られたレプリカである「私」は、地球上の私の記憶をもっているから、そのレプリカ自身は地球からの記憶を元に、自分は地球で生き、その後突如移ってきた火星の上で生き続けているという理解をもつだろう。火星のレプリカにおいては地球上の私との心理的連結性、継続性は保たれていて、関係Rは成りたっている。パーフィットによれば重要なのは関係Rだけなのである。しかし問題はこの地球上の身体に宿り経験する私の意識ではないのか（これが現象的意識か、心理学的意識か、その両方かはあとで考える）。スキャン後解体されて地球上の身体のもつ意識は絶えてしまう。今後その意識は快も苦も経験することはない。もちろんそのことに地球上の私が経験的に気づくことはない。気づくための意識自体消えてしまったのだから。しかしこの意識が消えてしまうことは、地球上の私にとって決定的な事態であり、死と何ら差がない。地球上の私にとって、火星のレプリカが私の記憶を保持していて、彼が地球上から突然移って来たように感じているとしても、何の慰めになるのだろうか。レプリカの身体は地球上の私がその火星上の身体で経験を続けないという意味では、他人の身体とおなじである。火星上の生は他者の生である。心理的連結性、継続性は、このことを変えない。それを「私」と呼ぼうが呼ぶまいが自由だが、「他人も同然」といえるような生を営む以上、心理的連結性、継続性だけなら、「私」の実質は欠けてしまう。

　パーフィットは将来の自己にも心理的連結性の程度に応じて配慮を減ずるのが合理的といっているが（RP, p. 313／四三〇頁）、これも心理的連結性、継続性だけが重要というおなじ理由からである。

しかし私はこの点にも同意できない。私が「私」を認めるためにもっとも重要なのは心理的な連結性、継続性ではない。それらが断たれてしまうような記憶の完全な喪失（関係Rの喪失）に陥ることが分かっているとしよう。たとえば私は進行中の認知症で、いずれ記憶は失われる（しかしそうなっても、私の身体は意識を宿している）。その場合、記憶喪失後の身体は、他人の身体でないから、その身体に宿る現象的意識は身体に生じた痛みを感じる。他人の身体の痛みは感じられないが私の身体の痛みは感じられるのであり、記憶を保って判断能力もある現在の私は、その将来の痛みを避けたいと思うだろう。そして記憶喪失後の私が痛い目に遭わないように、十分なケアが受けられるように、今から配慮しておくだろう。その配慮は記憶をもち続ける場合の将来の私自身に対するものと同様である。何といってもその身体に生じる苦痛は、今までの私の苦痛と同様に「感じられる」のであり、決して「感じられる」ことのない他人の痛みとは決定的に違うのだから。このように現在の私は、記憶喪失後も痛みを感じ続ける将来の身体に宿る意識に、他人の意識とは違った特別な配慮をする。それはその意識を無縁な誰かの意識でなく、「私の意識」と考えているからだといえるだろう。だからこの配慮は、他人への配慮の場合のような道徳的な動機でなく、まったく利己的な動機からなされるものである。

ところで、ここでいう「経験する私」は、経験が現象的意識のものであったので現象的意識だと言ってよいのだろうか。本章ここまで「意識」という語を多用してきたが、どの意識を指すか明瞭にはしてこなかった。引きつづき認知症の例でこの点を考えてみよう。認知症になったあとの私を気遣う私は、認知症の私の痛みや不快という現象的意識所与を避けたいと願う。現象的意識は経験する私に含まれる。

では、心理学的意識はどうか。心理学的意識だけになるとは、チャーマーズの理解ではゾンビになるということである。仮にのちのち私がゾンビになるとわかっているとしたら、私はゾンビ化した私のことまで気遣うだろうか。ゾンビは経験をもたず、快苦を感じない。だからゾンビ化した自分を気遣っても仕方ないだろう。だとすれば、「経験する私」には経験するものである現象的意識が含まれなければならない。ゾンビというありえない空想を使わず論じるため、私が植物状態に陥って快苦さえも感じなくなり、しかもその状態が不可逆的だとわかっている場合を考えてみよう。今の私はそういう自分が存続することを願わないかもしれない。もはやそこに経験もなく、何も感じない身体に私は私を感じることはできない。たしかにここには行動を司《つかさど》る心理学的意識もないが、それ以上に私にとって重要なのは、快苦も何も感じないということであり、現象的意識の不在の方なのである。

たしかに、ゾンビの場合、のちにゾンビ化した私が人殺しなど犯さないように、現象的意識をもつ私が今から配慮しておくということはありそうである。しかしそれは自分の死後に他人に迷惑をかけないよう生きているうちに配慮するのとおなじである。孤独死の危険を感じている私は、もし孤独死したなら遺体が賃借の部屋を汚さないように、今のうちから何らかの配慮をしておくかもしれない。ゾンビの行動への配慮はこれとおなじで、そのゾンビが「私」だと認定しているからその配慮をしているわけではない。

このように考えてくるなら、私にとって真に重要なのは関係Rではなく、「経験する私」であり、「経験する私」とは現象的意識を必須のものとして含むが、心理学的意識は必須でないと見なして問題ない。

＊　＊　＊

さて、ここまで確認した上で、先に見た火星上の私のレプリカの話に戻ろう。今までの議論から、レプリカの身体は他人の身体も同然だといえる。火星のレプリカの苦痛は、感じられないのだから。このことがより明確になる例をパーフィット自身が挙げている。レプリカが私の身体の解体前にしばらくの間だけ存続する（私はスキャンのダメージのため、間もなく死んでしまう）場合である。火星上のレプリカと地球上で交信している私は、明らかにレプリカの身体で経験してはいない。レプリカは経験主体としては明らかに地球上の私という経験主体とは異なる。私が死んだとしたら、その瞬間から私がレプリカの体内で経験をはじめるわけはない。私の経験はこの地球上の身体の消滅と同時に間違いなく消滅する。私見では、大事なのはこの身体に結びついている、経験する「私」の存続である。

ただ、地球上のこの身体と経験する私との結びつきも必然とはいいがたい。仮に――パーフィットのような非現実的空想を使う論者を批判するために、それだけのために、一旦同じような非現実的空想を使うことが許されるなら――私が輪廻転生《りんねてんしょう》をするとしよう。私は別の身体のなかで経験を続けるが、しかし前世の一切の記憶を失っている。このとき私は新しい身体のなかで、そこだけで痛みを経験する。前世の記憶はないにせよ、私はそこで存続しているということになるだろう。輪廻によっても、また、――ＳＦでよく見かける設定であるが――心が身体を移動することによっても、「私」は身体を変えることができそうである。だから問題は身体ではない。「私」の実質をなすのは経験する意識の連続性であろう。ただし主観的に連続と判断されることがその連続性の基準ではない。認知症の場合のように、あるいは前世の記憶なき輪廻の場合のように、私がそう判断できないままに連続であることがある。

　先に挙げた意識が分裂する場合はどうか。これは空想的事例だけの話ではない。てんかんの治療のため左右の脳をつなぐ脳梁を切断する手術が施されることがあるが、それによって、ほぼ左右の脳は分離されて意識の分離に近いことが生じる（脳幹の部分は分離されず共通なので完全な左右分離ではない（M. S. Gazzaniga 2011, p. 54／七三頁））。心理学者の観察によればそういう患者のうちに独立したふたつの意識があるかのような結果がえられている。一方の脳だけに情報が入るようにしておくと、他方はその情報を知らないようなふるまいを見せるという。

　パーフィットの議論にとり、このような人格の分裂の議論は大きな意味をもつ。先にも述べたように、通常はともなっている人格同一性と関係Rがここでは乖離するが、その場合人格同一性と関係Rとを比べたときに真に重要なのは後者だという理由で、常識に反して関係Rの方を重視する根拠があたえられるからである。先述のようにパーフィットによれば人格の分裂は、関係Rは残るが人格同一性は失われる例である。分裂前の私は両方と同一人物でありえないし、どちらか一方と同一だとするのも恣意的、と彼はいう。だから同一人格でないという意味では、どちらも私ではないというのである（RP, p. 262／三六二頁）。しかし、私見では——というよりもし分裂前の患者が私なら——現在の私は、パーフィットがどちらも私でありえないという、将来分裂する私のどちらも自分と同様に気遣うと思う。しかしそれは分裂後の二意識との間に、関係Rが成りたつからではない。私は、先の、私と関係Rにある火星上のレプリカを他人としてしか扱わないのに対し、分裂した二意識をどちらも私として扱うだろう。火星上のレプリカとどこが違うのか。

　仮に独立した現象的意識がふたつできるなら、私が分裂しそれぞれ私だということになるだろう。経験する私がふたつになる。ただむろん、分裂した一方はもう一方の意識内容を経験しない。その意味でそれら相互は他方を他人とおなじように感じるだろう。おなじ身体のなかにいるにもかかわらずそうである。だが、分裂前の私は、自分が分裂する運命にあると知ったなら、どちらの私も気遣うだろう。分裂前の私はふたりのうちで経験し続けるからである。この点が火星上のレプリカとは異なる。今の私は、今後はそれぞれのなかで苦しい思い、あるいは楽しい思いをする。ただ、経験し続けるといっても、その「ふたり」は相互に相手を他人同然の仕方でしか感じられない。一方の苦は他方にとって経験されない。だから分裂後の「ふたり」の私は、もし分裂前の記憶が残っているなら、「分裂前の私の継承者は自分ひとりだ」とそれぞれ思うだろう。ただ、記憶は決定的な要素ではない。経験が決定的である。

　パーフィットは、そのどちらも同一「人格」ではないという意味では私ではないというが、しかし記憶によるのではなく、経験による私の連続性が分裂前後をつらぬいてある。それはおそらく経験主体としての非主観的連続性による。「非主観的」というのは、連続であるということの主観的な自覚は不可欠ではないからである。

＊　＊　＊

　ところで、経験の連続性は記憶という主観的な形で保証されるのでないなら何が保証するのか。それはおそらく脳を中心とした身体組織なのであろう。火星上のレプリカはこれを欠いている。おなじ脳にもとづく意識をもつから、記憶まで失った認知症の私も、おなじ経験主体だと認められるし、分離脳手術で二主体に分かれても、それぞれが元の私の後継主体だと認められる。

ただ、意識の物質的基盤については、もちろん異論もありうる。だから経験主体の物質的基盤についても異論がありうる。もし意識の身体との結びつきが分離可能なものなら、輪廻転生のような仮想も可能になってくる。現象学を奉ずるものとして、このような奔放な仮想を真剣に受けとるべきでないと思うが、反論のためにまず相手の土俵に乗るという意図における仮想にとどめるという制限内で、一応検討しておこう。先の検討と違って、ここでは前世の記憶がない場合だけでなく、ある場合も含めて考えてみよう。

記憶がない転生の場合、前世の記憶はないため、転生の事実は私自身を含め誰にも知られないままである。しかしながらこのような転生は実際、非常に考えにくいだけでなく、転生の事実を証明するものは私の記憶も含め何もない。一方、記憶がある場合、私は自分の転生を信じることができる。しかしこれが転生の証拠になるだろうか。たとえば人格の同一性について独自の思考を展開したS・シューメーカーも、人格にとって身体は偶然的なものだという伝統的な議論に反対して、むしろ人格同一性は身体の同一性を前提するという。「身体の同一性は人格の同一性の基準のひとつでなければならず、もしそれが基準でないなら、ほかの何ものも人格の同一性の証拠でありえないだろう」(S. Shoemaker 1963, p. 243／二七四頁)。そして彼は私が右に論じてきたような転生や瞬間の身体移動のような事態を否定する。前世や身体移動前の「記憶」をもっているとそのひとが主張しても、それはせいぜいそういう気がするというだけで、証拠と言うには薄弱すぎる (Shoemaker 1963, pp. 209-210

／二三六―二三七頁)[17]。

そのため、仮に前世の記憶をもつと主張する人が現れても、転生の可能性は否定されざるをえない。そうなると、しごく常識的ではあるが、意識の物質的基盤こそ、経験的連続性の基盤をなすと考えるしかないであろう。まず、物質的基盤の上に、意識が成立する。意識(現象的意識)は経験するが、その経験する現象的意識の連続性が、記憶以前に成りたつ。この「物質的基盤」は必ずしも、意識を一方的に規定し意識を随伴現象(epiphenomenon)とするような形で意識にかかわっている必要はない。意識から物質への働きかけが可能な関係でもよい。

一方、この経験する現象的意識とは独立に、したがって(仮想上ではあるが)物質的な同一性を前提とせず、記憶を前提として、関係Rやパーフィットのいう人格の同一性が成りたつ。彼は関係Rこそ重要であるというが、それとは独立の経験的意識の連続性において、すでに私は他人と違う「私」を特別視する強い理由があるのである。

しかし次のような疑問はどうだろう。物質的基盤にもとづいて意識が成立するものなら、その物質を一挙にとりかえたなら物質面でまったくおなじでも意識は別の意識になるだろう。パーフィットの想定する火星上の複製とおなじことである。しかし徐々にとりかえて最終的にすべてとりかえるというならどうか。パーフィット自身、脳をおなじ機能を果たす機械に置きかえるという思考実験をしている(RP, p. 234／三二四頁)。置きかえはたった一%なら「私」の連続性を毀損するはずはない。しかし半分置きかえればどうか。九十九%ならどうか。どこかの一線をこえれば、たとえばちょうど半分をこえれば、突然私が私でなくなるのだろうか。あるいは徐々に「私」が薄れていくのだろうか。

いずれの想定も不合理であり考えにくい。パーフィットはここで「私」を人格と想定しているが、もしこれをわれわれがパーフィットを批判しながら考えてきた経験主体――人格の連続性も関係Rの連続性も必要としない経験主体――だと考えてもおなじことが言える。

ここから次のような異論が生じるかもしれない。――右のように考えると脳という物質的基盤と「私」（経験主体）の結びつきがあやしくなりかねない。そうすると、「私が記憶をすべて失っても、記憶喪失以前と物質的につながる脳をもつ限り、その脳が連結している身体の痛みを感じ続ける」などとはいえないのではないか。――経験主体を脳という物質的基盤にもとづけることについてのこういう異論がありうる。

しかしこのような反論に対する再反論としては、複雑系についての前章の考察が役立つだろう。脳は複雑系であって、脳の現在の物質機構を電気的な状態も含めてすべて厳密に測定することはこの上なく困難である。ましてやそれを一瞬のうちに成し遂げ、複製した新しい脳部分を作り、一瞬のうちに既存の脳部分と置きかえるというのである。置きかえの際の手術による影響を及ぼしてもならないのである。直前の脳のあり方と少しの違いもないようにこの測定、複製、分離接合手術がなされなければならない。というのも、少しでも違えば複雑系の宿命として大きな差異が生まれかねない。そうなると「おなじ働きの別の物質に置きかえた結果、経験主体がどうなるか」という実験ではなくなってしまう。

これに対してはさらなる反論があるだろう。――「物質（脳のあり方）の完全な同一性にこだわる必要はない。違う働きをする複製脳ないし機械、たとえば記憶が別のものになっていたりするようなもので置きかえる場合でもよい。重要なのは脳の部分的置きかえで経験主体が存続するかどうかが、中間段階を許さない形で決まると見なさざるをえないという点である。一方、脳の置きかえは以前とおなじものとの置きかえであれ多少別のものとのそれであれ、程度差を許容する。このことは中間を許容しない『私』のあり方と相容れず、それゆえ物質基盤への依拠という前提自体の不合理が露呈する。議論の中心点はここであって、同一の置きかえが可能か否かではない」と。

しかしながらこう考えても、特に不合理が生じるとは思えない。脳の一部が新しい複製脳ないし脳の働きをする機械ととりかえられたとしよう。脳の働きは物質的な部分部分に固着した働きの総計ではない。むしろ全体的なまとまりがあって、全体の秩序のなかで部分部分の働きも成立している。部分の暴走は全体によって抑えられる。そういう全体的秩序が崩壊してしまうと、脳の働き全体も崩壊するだろう。てんかんの症状などは一時的にではあるがこのような事態に陥っているのだと思われる。

別の脳部分との置きかえは、こういう全体秩序に対する大きな挑戦である。仮に一瞬の時間差さえもなく置きかえられ、置きかえ前後で物質としてもまったくおなじなら、全体秩序は問題なく維持されるだろうが、こういう仮想的置きかえは現実に可能でない。したがって、最低限単なる時間差だけでも介在する。残された部分は一瞬であれ削除部分なしで独立で機能しなければならないし、しかるのち、自らの秩序の外にあった新しい部分の影響を受ける。どちらも明らかに先行する全体秩序に対する大きな挑戦である。

ささいな入れかえの場合は、多くの場合旧来の秩序がとり戻されるだろう。生体の秩序は基本的に自己を維持するホメオスタシスの仕組みをもつから、ささいな入れかえなら新しい部分秩序を自らのうちに取りこみ、秩序を再形成する働きが作動するはずである。ささいな入れかえなら多くの場合この試みが成功して経験主体は存続するだろう（人格も存続するだろう）。しかし入れかえ部分が大きくなると、新たな秩序回復が可能か保証の限りではない。経験主体が再度成立しないまま、意識なき麻痺状態に陥る可能性もあるだろう。もしかしたら、秩序回復は接合された複製脳の側からも試みられるかもしれない。その場合、古い脳との間で、主導権争いが生じる。古い脳が勝てば、以前からの経験が続く。一方、古い脳が負ければ、古い脳に宿っていた経験主体は消えるだろう。新しい脳の新しい主体が新旧の脳全体の主人として経験を開始する。どちらかが勝ちを収めるか、あるいはどちらも勝ちを収めることはできないで、意識は戻らないかもしれない。前の場合は私はひとつであり、あとの場合は、私は存在しないので、いずれにせよ中間状態は成りたたない。物質面での中間状態は、意識の中間状態という不合理を招くことはないであろう。

　少し条件を変えて、ふたりの脳を密接な連絡を保ちながら接合した場合も右の事情とほぼ同様であろう。密接な連絡のもとで、新たに全体が組織され、どちらか一方が残る。あるいは全体秩序が崩壊し、いずれの主体も残らない。一方が残った場合、他方の主体が占めていた脳はもう一方の主体の秩序のもとに組み入れられてしまうだろう。

　しかし、どちらが勝ったのか分からない、融合、合流もありうるのではないだろうか。いや、それは考えにくい。意識も生物の秩序であって生命の生存適合性に寄与している以上、意識秩序は容易に崩壊してはならない。秩序が乱れても再構築されるホメオスタシスの仕組みは、生物のシステムに普遍的に内在していると予想できる。だとすれば、ふたつの秩序の衝突は、それぞれが自らの秩序を保つための全力を尽くす試みへとつながることであろう。安易に融合を語ることはできない。多くはどちらかが勝つか、秩序が残らないような破滅的な事態に陥るだろう。まれには併存もあるかもしれない。しかし融合して今までと違うまったく新たな秩序が構築されることは考えにくい。仮に融合による新秩序の成立があるとしても、それはかなり低いレベルの秩序であろう。意識が成立するには足らないような、低いレベルのものでしかないだろう。融合的なまったく新たな意識が成立するということは進化の際に見られるような今までにない創造的な秩序構築が必要とされるものであるから、自然界では滅多にないような事態だと推測される。

＊　＊　＊

ここまでの議論をふまえてパーフィットの脳の部分的とりかえの議論を見直すなら、彼の誤りは脳の働きが秩序ある全体をなしているということを見過ごした点であるといえよう。彼は意識が脳の部分部分にそれぞれ依存し、その総和で意識ができているかのように考えているように思える。もしそうだと脳の部分をなす個々の物質に意識の部分部分が依存しているというようなことになるが、意識とは全体的なものであって、部分どうしの対応関係が成りたつとは考えられない。意識は、生物の組織が一般にそうであるように緊密に連携され複雑な秩序をもつ全体なのである。おそらく少しずつのとりかえの際に、とりかえられた物質部分を併合する意識の統一が再建される。新しい部分は全体との機能的統合を果たし、それによって新たな機能的統一として新たに意識が再建される。とりかえごとにこのような操作が生じるなら、物質としてすべてがとりかえられても、少しずつ私が無くなるのではなく、私はつねに完全だといえる。つまり、物質に基盤をおくとしても、脳を徐々にとりかえていくなら私が薄れていくというような奇妙な事態にはなるまい。

【五・四】意識が瞬間ごとに死ぬならどうなるか——実践的問題——

前節で経験する私が身体（脳）に依存することが明らかになった。しかしこのことは、物質が存続しているならその生み出す意識も存続するということを保証するわけではない。むしろ物質が意識を生むのがスーパーヴィニエンス的な仕方によるのであれば、本章一節で見た瞬間性の懐疑が免れがたく思える。逆にもしパーフィットのいうように、関係Rだけが重要で、私が火星へと「瞬間移動」でもできるように、物質的身体の拘束を必ずしも受けないなら、物質が瞬間瞬間生み出すものとして意識をとらえる必要はないかもしれない。「私」を物質を離れた抽象的なレベルのものとして考えることができるだろう。しかしパーフィットのような物質的制約をこえた私を考えることは困難と判明した。だとするとやはり、本章一節で見た、物質が瞬間瞬間意識を生み出しているだけだという懐疑的な見解が抑えきれなくなってくる。

パーフィットは私の議論のように、物質にスーパーヴィニエンス的に意識が生み出される場合に、意識の瞬間的分断が生じうるとは言っていない。しかし注目すべきことに、瞬間的理性のリレー（RP, p. 228／三一七頁）という、私が考えているのとおなじ事態を想定している。しかしながら彼はこの事態を「しかしこのことが起きても、誰もどんな相違にも気づかないだろう」と片付けてしまう(おなじ頁で「誰も」に私が含まれることが示唆されている。直後に消えてしまう私もそのことに気づかないのである)。

たしかにこの帰結は私が導き出したものとおなじである。しかしこの帰結はこんな簡単に片付けてよいことなのだろうか。私を含めて誰も気づかないということは、私にとってどうでもよいことだということを意味するのだろうか。

私の意識が現在の瞬間に限定されているなら、私という人間の身体に次の瞬間に生じることがらは、他人の身の上に起こることと同様に、この今の瞬間の(現象的)意識である私が経験することではない。だとすれば、将来のことを気に病む必要はなくなる。今のこの瞬間だけの意識である私は、将来のために節制したり、つらい仕事を果たす必要はないのである。それを回避したため災厄を受けるのはこのおなじ身体に宿る将来の別の(現象的)意識であり、それは他人も同然の意識であるから。このように、意識が現在の瞬間に限定されるか否かは、実践的に大きな違いを生む。将来が経験できないということは、現在の私にとって実践的にどうでもよいことではないのである。

パーフィットがこの点を看過したのは、彼が経験する私でなく関係Rを重視したからである。経験する私が瞬間ごとに死ぬなら、一瞬後の私は経験する私にとっては他人同然だが、関係Rは成りたっていて、パーフィットにとっては火星上のレプリカとおなじぐらい重要なのである。

物質にスーパーヴィーンするものとして意識を考えるなら、瞬間性の疑念を免れない。もちろん、このことは論理的矛盾を招くというような事態ではないから、スーパーヴィニエンス説の誤りを示すわけではない。理論の誤りを示すのではなく、むしろ現実の意識がこのようなリレー的な存在であり、われわれはそれを受けいれなければならないということになるかもしれない。しかし万が一そうであるなら、結果は実践上重大であり、看過できない。本節の議論は、スーパーヴィニエンス説の矛盾や端的な誤りを示してはいないとはいえ、スーパーヴィニエンス説を退けるべく、強い動機をあたえるものだといえる。

【五・五】意識の「本質」と現実の意識

本章最後に付言しておきたい。本章三節で、真に重要な私とは「経験する私」であり、それは現象的意識のことだとされた。しかしながらこういう現象的意識の評価は、私の今までの議論とどう調和するのか。私はここまで、現象的意識と心理学的意識が切り離せない仕方で、世界に向かい動物的生を維持する役割を果たしていることを強調してきた。四章末で述べたように、とりわけ心理学的意識における自由意志の行使について、そのような面を強調した。真の自由とは恣意の自由でない。真の自由とは実質的な選択肢の間で、自らに適するものを選ぶ自由である。そのためには選択肢があって、しかもそれらが相互に価値的な差をもつ実質的な選択肢であり、それらのあいだから自由に選ぶことができなければならない。前章までの議論では、現象的意識が自由に対し選択のための資料をあたえてくれるのであった。現象的意識が心理学的意識の自由とひとつになって機能していなければ本当の自由、つまり生物にとって有益な自由は実現できない。

しかしながら私とは経験する私だ、という本章三節の結論は、私を現象的意識に限定することで、前章までの議論に背き、私を現象的意識だけで孤立して存立できるものとして位置づけているのではないだろうか。どう考えるべきか。

本書の序で私は非現実的な仮定を慎むという禁をみずからに課した。しかしながら私は本章ではあまりに非現実的な議論に立ち入りすぎたのだろうか。前記の結論にはそのひとつの弊害が現れているのかもしれない。たしかに本章でも私は、輪廻の仮定を除いては、実現不可能な仮定を避けてきた。現象的意識としての経験する私を、心理学的意識などの現象的意識とともに生を支える枠組みから孤立させはしたけれども、このことは現実にもありうることである。たとえば閉じ込め症候群と呼ばれる症状において、患者は外界に対する意識をもっているが、ほぼ完全な麻痺のため、意志を表す手段をほとんどもたない。瞬きと眼球運動だけが意志表出手段として残されることがあり、その場合はそれを通じて意志疎通し意識の存続が細々と確認できる。こういう症例において、経験する私はたしかに残っているが、世界とのかかわりはほぼ無に等しい。これは私が実際に経験する私だけに切り縮められたような現実の事例であり、それゆえ経験する私への切り縮めはまったく非現実的な仮想の話だと切り捨てられない。そしてそのような状態でも私はあると言わざるをえない。認知症になって記憶の連続性を失っても私は存続する。しかも健常な私はそうなるかもしれない将来の私をこの私とおなじ私として気遣う。

だが、だからといって、そういう私が私の核心をなすものだと考えてはならない。本書の序で述べたように、ある類の個体を想像においてさまざまに変化させ、その類にとどまっている全個体に普遍的な性質を集めてその類の「本質」を想定しても、それは現実のくびきを免れないか、あるいは本当に免れて糸の切れた凧《たこ》のような無意味なものとなってしまうだけである。

「本質」に執着した哲学者には現象学の祖、フッサールもいるが、メルロ゠ポンティに言わせれば、フッサールの言う「本質」とは、想像力の限界を示すだけで、「積極的な存在ではない」（VI, p. 149／一五五頁）。メルロ゠ポンティのこのことばは「本質」が事実性を離れることができないことを指摘している。意識とは何であるかをわれわれは自分の意識をもとにしないでは、想像したり理解することができないのである。それがまだ意識と言えるか言えないか、その判定は私の意識を基準としてしか下せない。そうだとすれば、結局意識の「本質」と言っても、事実的な私の意識からくみ取られ、それから離れられないのである。

＊　＊　＊

立ち止まってフッサールの「本質」についての議論を批判的に眺めてみよう。フッサールによれば認識のための手続きは、あるもの、たとえば樹木の本質を見てとるには、現実的ないし虚構の具体的な樹木から出発して、それを自由な想像において変更してゆき（「自由変更」（freie Variation））、その変化したものが「樹木」と呼べるかどうかで、そのもののある性質（たとえば赤っぽい幹の色）がそのものの本質に該当するかどうかを判別するというものである。彼は『イデーン』第一巻（E. Husserl 1950.）第四節で、「社会的なできごと」（soziale Vorgänge）を本質認識の例に挙げている。彼はこれを例として挙げるだけで、それ以上この例で本質を見てとるための具体的操作は行っていない。「社会的なできごと」というのは茫漠としているのでもっと具体的に戦争という社会的なできごとについて本質認識の過程を考えてみよう。戦争を右のような手続きで思い浮かべ、想像の中で変化させてゆくならどうか。まずは人間の集団間の戦争を思い浮かべるだろう（社会的なできごとの一例として考えているので、個人間の戦いは含まない）。しかし集団は人間の集団である必要はない。自由な想像の中で、ほかの生物集団や空想上の存在者からなる集団の戦争を思い浮かべ「戦争」の概念でカバーできるか確かめてゆく。集団を構成する者は死なない者と考えることも、死をまったく恐れない者と考えることもできる。あるいは利益を追求する動機をもたない者と考えることもできる。その者たちが集団どうしで、敗者を屈服させ自分たちの意図に服させる目的で暴力的に争うなら一応「戦争」と呼べるだろう。しかしそれはわれわれ人間の戦争と共通点をもつだろうか。利益を追求しない者たちの、利害争いでもない争いは、戦争ではなくゲームのようなものになる。人間の戦争は集団間の係争の最終決着手段であるが、利益追求をしないなら戦争の動機は失われる。また、人間は死を恐れるからこそ、武力による戦争は決定的な意味をもち、敗者は勝者に屈服し勝者の要求をのむが、こういった動因がないと戦争は集団間の係争の最終的決着手段にはならないだろう。この者たちの「戦争」は本当に戦争なのか。われわれのいう戦争とおなじなのか。このようにわれわれの戦争から離れて、すべてに該当するように薄められた――外延を広げるとその分内包は貧弱になる――戦争は、われわれ人間に対してもつ切実な意味を失いかねない。少なくとも言えることは、こういう仕方で戦争の本質を考えても、それがわれわれの戦争を照らし出すための役目を果たすとは考えられないということである。無制約な事実性からの離脱は、学問の根を断ってしまう。

あるいは逆に、われわれが「戦争」概念に対してもっている常識的な諸条件をみたすように「戦争」の条件を付け加えていくべきだろうか。しかしそのときフッサールの普遍性を目指す意図はまったく裏切られるだろう。いずれにせよ、事実性を完全に脱した普遍的本質を目指そうという試みは、有益なものとは思えないのである。

意識の本質についても事情は同様である。意識についての想像を事実的な意識をこえてさらに進めていけばどうか。そこにあるのは無意味な観念の産物にすぎないだろう。動物の意識でもないような意識を考えることはできるだろう。そのひとつとして神の意識などを考えることもできよう。しかし、動物でない意識が世界に対する関心をもつだろうか。関心をもたず世界に向かい行くことのない意識は、意識にとって「本質」と見なされてきた志向性を失ってしまう。神の意識が可能と思われてきたのは、神がこの世界に関心をもつということを前提にしているからであるが、しかしどうして動物でもない意識が関心をもつことができるのであろうか。神は満ち足りていて、何もほかに必要としない。だとすると神による創造は不可解である。神が関心をもつとひとが考えるとすれば、それは神の意識を人間になぞらえて考えていることの帰結にすぎない。このように中途半端に現実の意識を離脱するのでなく、本当に人間の意識を離れて考えるならどうなるか。しかしそれはあまりに人間の意識からかけ離れ、「意識」と呼べるかどうかわからないものになる。

「意識と言えるためには志向性を残せばよいのではないか」と反論されるだろうか。たしかに志向性は意識の本質と考えられてきた。しかし志向性だけを残した意識を考えるなら、意識がどうしてその志向対象に関心をもち向かって行くのか、その理由が分からない。何の動機もないからである。そういうありえない意識を考えて意味があるのか。意識の本質を考えるようになった最初の目的は、それを通じてわれわれ人間の意識を照らし出し理解することだったのではないか。もしそうなら、人間から隔絶した意識を考えてみても、そこから何らかの仕方でわれわれ人間の意識を反照することができるとは考えにくい。

さらにまた、本書の序で述べたように、人間の意識とかけ離れたものを想像してみても、それを「意識」と呼べるかの判断において、結局人間の意識を基準とせざるをえないのではないだろうか。フッサールの言う自由変更の操作は、もともとある基準を明確化するために役立つだけで、無から基準を作り出すわけではないだろう。

さて、このような考えが正しいなら、私の核心は経験する私だ、という先の表現には注釈が必要である。それだけ切り離され、自由な意志決定も行動もできない経験する私は——たとえば先述の閉じ込め症候群の私——たしかにまだ「私」といえるかもしれない。しかしそれは私の特異で例外的な形である。そして私を構成する意識の特異で例外的な形である。意識の本来のあり方はこういうものではない。そういう意識のあり方やそういう私のあり方は可能であってもあくまでも特異、例外のものである。

進化は例外的な事態にあわせて生じてきたものではない。淘汰の圧力は通常の状況においてかかるのであり、例外的な事態における適不適は進化においてほとんど無視できる。意識にこういう形態が可能だということは、意識の生物学的役割とほとんど関係ない。この点からも、意識や私を少しずつ切り捨てていって残った残存物をもって、意識や私の本質を表すと見なすべきではない。意識の核心をなすのはむしろ、閉じ込め症候群では欠けてしまっている、世界へのかかわりの一環であるということである。

こうして私は、意識とは現象的意識を意志が反映し行動に影響を及ぼす過程であり、生物的な有用性をもつという、前章までの見解を本章でも肯定することができる。

第六章　意識とは誤解の産物である

——消去主義の検討——

本書では今まで物理世界の因果的閉鎖性テーゼと自由意志の衝突に苦慮してきた。自由意志に代表されるわれわれの心に対する直観と物理学的な決定論の差を埋める方策をもとめて、四章で弥縫《びほう》策も検討したが、成功しなかった。一方で、物理学的な決定性にもとづき意識をスーパーヴィニエンス的に理解しようとすると、五章のような実践的に深刻な問題にも突き当たる。衝突の解消は焦眉の急である。

ここで、ここまでとは別の方向から衝突の解消に取り組む哲学者の戦略を検討してみたい。ここまでは意志の自由について、自由を認めないまでも、その直観が生まれてくることにそれなりの理由なり正当性があるものと想定されていた。意識という半ば独立の秩序があって、その秩序は実際は物質に規定されているにせよ、少なくとも意識それ自体にとっては意識が一見独自の原理原則にもとづいて動いているかのように見える。その原理のひとつが自由意志であり、自由は本当はなくてもあるかのように私が感じる根拠はそれなりにある——このように想定されていたと言える。しかし次に見るP・チャーチランドは、この種の見方をとらず、われわれが日常的にとらえている意識のあり方はそもそもまったくの間違いであると切り捨てる。そして日常的な意識の理解とは異質な意識像を提示する。もしこれが正しければ、物質と自由意志の衝突の問題も霧消するだろう。

【六・二】消去主義

チャーチランドの『物質と意識』(P. Churchland 2013.) によれば、われわれの心に関する通常の理解は、心を直観的に理解できるもの、言語化されうるものととらえている。心はいわゆる「命題的態度」——たとえばPを任意の命題として、「私はPと信じている」「私はPを疑っている」といったようにPに対して態度をとること——によってとらえうると考えられている。しかしチャーチランドによれば、こういう心の理解は世間の人々が信じている一種の「民衆心理学」(folk psychology) にすぎず、学問的に正確なものとはほど遠いという。

彼は民衆心理学一般に疑いの目を向け、その根拠を三点挙げる (MC, pp. 77-82／八七—九二頁)。①民衆心理学が長い歴史をもちながらも大して進歩したわけでなく、心の説明、予測、操作について十分に成功をおさめていないということ。②遠い過去に生まれた説であるから、ほかの過去の説と同様に誤っている可能性が高いということ。③民衆心理学は表象をもっぱら前記のように命題的態度の形式で扱うが、こういう言語的形式をことばが話せるようになる前の子供や動物がもつと考えにくいということ。人間に至る動物たちとの脳構造の類似性を見る限り、動物たちと人間に共通する脳の基礎的な計算組織があると推察されるが、それは当然言語的なものではないと思われること。

チャーチランドは、このような民衆心理学の迷妄を破るべきだという。実際の心の動きを眺めると、心はわれわれが素朴に主観的な仕方で理解しているようなものではないという。「民衆心理学」は消去されるべきであり、心の真の作動をとらえる別の理論に置きかえられるべきである。彼のこの議論は「消去主義」(eliminativism)と呼ばれる。

この説は、今まで見てきたような意識状態を物質状態に還元する諸説とは異質である。今までの説はいずれも――キムも、私の示した折衷案も――意識状態は意識によってそれなりに正しくとらえられているということを前提していた。それが物質状態に対応するものとして物質的なものに還元されるにせよ、意識状態自体は物質状態と対応関係がつけられるほどに正確にとらえられうると考えられていた。一方、チャーチランドの説では、意識自体のとらえる意識のあり方は、意識状態を正確に表すものとはほど遠く、それゆえ物質との対応関係がつけられるわけでもない。だからこそ民衆心理学は消去され、まったく違ったタイプの学問的な意識理解によって置きかえられるべきなのである。

私は本書四章で一人称の主観的理解を維持する方策を提案した。しかしもしチャーチランドの指摘が正しいとすれば、一人称に固執しても、少なくとも学問的には成果がないことになる。おなじく四章では、学問的なレベルでは物理的なマクロの知識により決定されたものとしての心的状態の知識で、心的状態の自己理解を置きかえることをめざすべきだという反論を、その手法が決して素朴な心の理解――これはチャーチランドにいわせれば「民衆心理学」といえるだろうが――以上の正確さに達しえないという理由で退けた。しかしチャーチランドは、学問的レベルで、以下に見るような心についてのより正確な理論――と彼が考えるもの――を提示する。もし彼の主張が正しく、彼のいう学問的な心の理解がより正確な理論といえるなら、民衆心理学をそれで置きかえるべきだということになるだろう。したがって、消去主義の検討は喫緊の課題である。また三章でキムの議論を一人称、三人称が混在するという点で批判したが、チャーチランドの説は、あとで見るように心的状態の記述において一貫して三人称的立場からの記述に徹している。この点でもほかの立場が陥った問題点は回避できている。

チャーチランドは「消去的唯物論」（eliminative materialism）という立場を採る。彼は自らの立場を、心的な状態を物質状態に一対一対応の形で還元することを想定する「還元的唯物論」とは区別し、後者を批判する。

「還元的唯物論」に対して一対一対応が見いだせないという同様の批判を向けるのは、彼の「消去的唯物論」だけではない。「機能主義」と呼ばれる立場からも同様の批判がある。機能主義による批判は、ある心的状態を実現するには、脳のこの物質状態でなければならないということはなく、おそらく一部ないし全部を機械で置きかえた脳などでも、通常の脳による場合とおなじ心的状態が実現できるだろうという主旨の批判である。

一方、チャーチランドの批判はこのような理由からではない。むしろ民衆心理学とは「われわれの内的状態と活動についてのまったく誤った表象なのである。したがって、われわれの内的生活についての真に適切な神経科学的説明が、われわれの常識の枠組みの現存するカテゴリーとみごとに一対一に対応するような理論的カテゴリーを提供すると期待することはできない」（MC, p. 74／八三頁）。

彼が「民衆心理学」には一対一の対応をつけられないという「神経科学的説明」とは、人間の脳の

図1

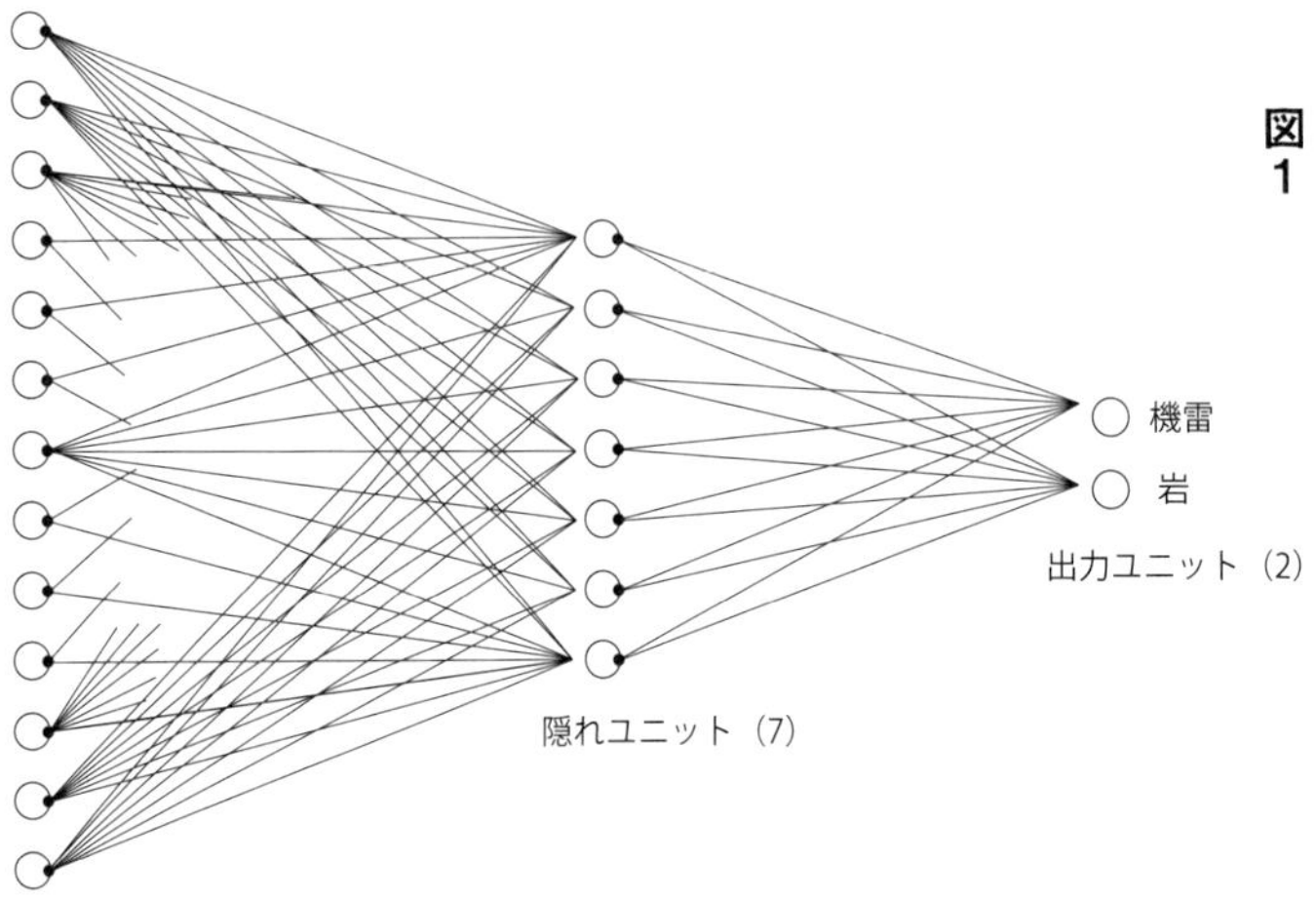

情報処理をモデルとした、並列分散処理の人工知能に応用されている説明のことである。「コネクショニズム」（connectionism）と呼ばれる認知科学上の立場をふまえて彼は論じる。

彼が例として挙げるのは、潜水艦がソナーの反響音によって、海中の機雷と岩とを識別する課題である（MC, p. 241 ff.／二五七頁以下）（図1参照。以下では一部説明を簡略化した）。機雷は船舶が一定の距離まで近づくと爆発する探知性能をもっており、危険性がきわめて高いが、岩は衝突さえしなければ危険がないため、機雷と岩の識別は潜水艦の航行にとって非常に重要な意味をもつ。両者を識別するためのシステムは三段階からなる。識別のための情報が伝達されてゆく順に、「入力ユニット」、中間の「隠れユニット」、「出力ユニット」の三段階である。

まずはソナー反響音で識別のためのデータが集められる。ソナー反響音の周波数が任意の数の階層（この例では十三の階層）に区別され、それぞれの周波数における反響音のエネルギー数（反響音の強さと考えてよいだろう）が記録される。データを受け取る人工知能の側では、周波数各段階に対応してまず第一段階の「入力ユニット」がおかれる。この例では当然十三である。その十三個の「入力ユニット」はおのおの中間段階のユニット（「隠れユニット」）すべてにむすびつく。隠れユニットの数も任意だが、彼の例では七つに設定されている。入力ユニットから隠れユニットに結びつくこの結びつきが神経のシナプスに対応している。ただ、入力ユニットと隠れユニットの間の「シナプス」（十三×七個）では、それぞれ、入力そのままを出力するのではない。それぞれのシナプスでは、ひとつひとつのシナプスごとに異なる任意の数を入力にかけて（「重みづけ」）、出力する。後述するようにこの重みづけの調整が重要である。

中間段階の「隠れユニット」は、最初の入力ユニットの出力を入力として受けるが、そのユニットに結びつくすべての「入力ユニット」からの入力の強さの和に応じて出力する。隠れユニットの出力は最終段階のふたつの「出力ユニット」に結びつく。隠れユニットと出力ユニットの「シナプス」（七×二個）でもそれぞれ任意の「重みづけ」を行って、出力する。

ふたつの「出力ユニット」とは、機雷、岩に対応するユニットである。機雷に対応する出力が強いほど、人工知能はその入力データを機雷と判断する傾向が強かったということになり、逆も言える。もし機雷のソナーデータを入力ユニットに入力したとき、機雷に対応する出力ユニットからのみ出力し、逆に岩のソナーデータなら岩に対応する出力ユニットからのみ出力すれば、人工知能はソナーデータの識別に完全に成功したことを意味する。

識別の鍵を握るのは二段階で行われる重みづけである。「重みづけ」は最初はまったく任意にわりふってあるため、最初は出力ユニットからの最終出力は完全な識別とはほど遠いでたらめになる。しかしその結果をふまえて「シナプス」の重みづけを変える操作がなされる。たとえばあるシナプスで重みを少し上げておなじデータを再入力し、完全な識別に少しでも近づくか確かめ、近づいていたらその重みづけを採用する。近づかなければ逆に重みづけを下げて再入力してみて、近づけばその重みを採用する。上げても下げても近づかないようなら最初の重みのままとする(MC, pp. 247-248/二六四頁)。こういう操作をすべての「シナプス」(この例では十三×七+七×二の合計一〇五)ひとつひとつに行い、その重みづけをひとつずつ修正する。こういう入力と調整の作業をすべての機雷と岩のデータについて行っていくと、データ数が増えるにつれ精度は増し、完全な識別に近づく。最終的には十分正確な識別が可能になるという。

ここでは直観的に理解されるような岩と機雷のソナー音の性質の違いなどは区別の指標になっていない。ある周波数に着目すれば、機雷と岩で顕著な違いがあるとか、機雷独特の周波数ごとの反響の強さのパターンがあるというわけではないのである。岩など形や大きさ、距離がそれぞれ違うし、機雷も距離や向きによって反響は異なるだろうから、機雷データ間、岩データ間で簡単に見てとれるような特徴がとりだせるとはとても思えない。しかし、右記のような調整によって、岩と機雷が識別できるようになる。この並列分散処理の人工知能が何に注目しているのかは、正確な識別が可能になっても明らかにならない。直観的に利用できるような特徴で識別されているわけではないから、分かるはずがないのである。

並列分散処理は人間の脳の仕組みをモデルとしていることを想起しよう。人の脳はこれに類似した仕方で働いていると予想される。つまり、何かを知覚的に識別するとき、意識的な私が直観的に理解できるような基準で見分けているというより、意識化できないような基準で見分けているのであろう。日常の体験から人の顔の識別などを例にとれば、二人のよく似たひとのどこが違うか指摘できないが違うことだけは分かるということがよくある。こういうとき、常識的理解なら、その識別は単に言語化が難しいだけで実は直観化できるような特徴——鼻の形や頬のこけ方——にもとづいていると考えるだろう。しかし、チャーチランドの考えによるなら、ここでは前記の人工知能のような識別法をとっているため、そもそもひとの直観レベルで理解できるような特徴が識別時に利用されていない。識別の際利用したはずの特徴が言語化してとりだせないことがままあるが、それは、直観化できるそういう特徴がそもそもないからだ、ということになるだろう。

【六・二】消去主義と意味

チャーチランドの見解を検討してみよう。前記のモデルがあてはまるのはもちろん人間ばかりでない。このモデルのもとになる脳の情報処理は、動物に広く見られるからである。しかし本当に人間を含む動物においてこういう識別システムが働いていると考えてよいだろうか。このような非直観的なメカニズムを想定するとき、知覚において直観的な特徴や意味が欠落してしまう。しかしながら知覚を導いているのは主体の関心であり、関心を一切失ってしまうなら知覚自体がなされないか成立しなくなるだろう。主体の関心は、対象がその主体に対してもつ直観的な意味、たとえば食べものである、敵であるというような意味によってひきつけられたり喚起されたりする。もしかすると目前の対象を食べものと判断する基準は、チャーチランドの言うようなメカニズムによっているのかもしれない。仮にそのことは認めるとしても、食べものと判断するからそれへと関心を向け、またそれへの欲求を感じるのである。「食べもの」、「関心」、「欲求」、これらすべてはわれわれが直観的に知っている「民衆心理学」的な意味カテゴリーである。これらのカテゴリーに頼らずに、動物の志向や行動を説明できるとはとても思えない。並列分散処理のような非直観的メカニズムが動物の知能のすべてではなく、直観化できるような知能のメカニズムが少なくともその補完のようなかたちでかかわっている必要があると考えられる。だとすると「民衆心理学」の妥当性を認めないわけにはいかないだろう。

ここで、先の人工知能の例が、チャーチランド自身認めるように、「教師あり学習」(supervised learning)の一例だということに注目してみたい。重みづけの微調整は、結果が理想に近づくか遠ざかるかの判断にもとづいていた。その判断ができるのは、ソナー入力が機雷についてのものか岩についてのものか知っている者だけである。つまり教師だけである。しかし人間以外の動物の学習はこういう教師による学習が期待できないのであるから、現実の動物の学習がこのモデルによるとは考えにくい(MC, p. 256／二七三頁)。チャーチランドは自分自身の分析に対しこう批判的評価を付け加えている。

チャーチランドのこの自己批判はもちろん正しいが、私はそれに加えてこのモデルが次のような問題点ももつことを指摘しておきたい。

前記のような動物的意味は、教師ならそれを知ったうえで教えることもできる。なぜなら教師も動物だからである。そして動物である教師の助けを借りれば、人工知能にも動物的なカテゴリーにそった分類もできそうに思える。直前に見たように動物の知覚情報処理には少なくともたとえば関心などの補完が必要であるが、その関心をあたえているのは人工知能でなく動物である教師なのである。機雷と岩を識別したいと教師が思うから、いくつものソナーデータを集め、人工知能に入力する。もし識別したいという意図をもたないなら、そのデータに無関心で、データを収集しようと思わず、ソナー音にも耳を貸さないだろう。調整が仮に無意識の自動的メカニズムで生じうるとしても、無関心がデータ収集を阻むなら学習は不可能になってしまう。だとすればここでは機雷と岩を識別したいと思う意図、関心が必要であり、そのために機雷と岩という直観的レベルの意味が不可欠ではないか。動物の知覚情報処理に必要な関心などの「補完」には、ここでいう教師役も含まれるのである。したがってここでも、「民衆心理学」を廃棄することは学習の廃棄につながると言えるのではないか。

チャーチランドは「教師あり学習」のこれらの難点に逢着《ほうちゃく》するが、彼にはまだ別の説明手段がある。先の学習とおなじく非直観的学習である、「ヘッブ学習」という学習の方法に救いを求める。こちらは「教師なし学習」である。「教師なし学習」とは入力だけから実現される学習のことである(人工知能学会監修、二〇一五年、一二頁)。「教師なし学習」なら動物にも可能で、動物の学習において直観的な学習を排除する決定打となるはずである(MC, pp. 256-257／二七四―二七六頁)。このヘッブ学習について、以下少し検討してみたい。

＊　＊　＊

ヘッブ学習とはD・O・ヘッブが提唱し、経験的にも裏付けられた神経レベルの学習のあり方で、教師によらない学習である。こちらでも先の並列分散処理の例と同様、重みづけが重要である。

ニューロンはほかの近接のニューロンと多くのシナプスによって結びついている。あるニューロンが活性化したとき、シナプスで結びつけられたほかのいくつかのニューロンが同時に活性化したとする。そのとき、同時活性化したニューロンを結びつけるシナプスは重みが増す。つまり当のシナプスを通じてより強い信号を伝えるようになる。「所与のシナプスがその重みを次第に増していくのは、そのニューロンの軸索の終末枝からの強度な信号がそれを受容するニューロンの高い活性化と繰り返し（chronically）一致するときであり、かつそのときに限る」（MC, p. 256／二七四頁）[18]。

重みが増せば以下のようになる。同時活性化するニューロンのうちの一部のニューロンが活性化すると、重みを増す以前はその部分からのシナプスを経た信号では活性化されなかった程度の強さの信号であっても、重みを増したことでその信号を受けたニューロンも活性化するようになる。そのことで一群のニューロンがその一部の活性化で容易にまとまって活性化するようになる。だからたとえばこの帰結として、次のようなことが実現されるであろう。かつてあるものを見たことで形成されたニューロン群があるとする。そのものの一部だけを見たとして、群形成以前ならそのものの見えている部分に対応するニューロンしか活性化されないはずだが、すでにニューロン群が形成されていることで、ニューロン群全体が活性化する。つまりそのものの見えている一部分だけでなく、見えていない部分についても連想的に活性化され、表象化されるであろう。

次にこれを、「犬」「机」といったある類を経験を通じて学習することに即して、私なりに考えてみたい（実際に次のような学習によって識別されるということでなく、説明のためのモデルにすぎない）。ある個体がひとつの類に属すか否かを識別するとしよう。類は本質的な諸性質と偶然的諸性質の組み合わせであり、偶然的な性質を欠いているからといって、その類に属さないとは判断できない。しかしながらわれわれは類をなす個々の性質に注目し列挙しなくても、直観的に判断できる。類の本質的な性質とそれ以外とを即座に数え上げることができないのに、類が識別できる。だとすると、どれが本質的性質でどれが偶然的性質かを明確に区別した上で識別する、というのとは別の方法を使っているわけである。こういう方法は「直観的」だから、民衆心理学の一環だと言えるだろうか。

ヘッブ学習のモデルを応用して考えてみよう。目にする機会が多い性質に反応するニューロンがグループをなし、強化される（重みづけ）。その結果、グループの形で目にされることの多い諸性質がひとつの類の構成要素と認められることになる。これは神経レベルでの自動的な学習である。先の機雷と岩の識別の並列分散処理学習の場合とは違って、意味を知っている人間の教師がシステム外から介入するわけでない。

ヘッブ学習は、意識的、意味的な識別とは異なる。どういう基準で識別しているのかわからないのだから。その点で、無意識の識別であり、民衆心理学の及ばないところでの識別だと言ってよい。たしかに結果については「直観的」な識別結果が得られるが、識別の過程は直観的でなく、そのため本当の意味で「直観的」と言えない。

このような事情だとすれば、ヘッブ学習においては、当該の類の意味——たとえば動物にとってのエサや敵や何かの道具といった動物的意味など——を知るものの介在なしで、頻繁に目にするというだけで自動的に諸性質の組み合わせが類として識別されるようになりそうである。その諸性質が動物的意味のものである必要もない。色や形というようなそれ自体では動物的意味をもつとは言えないような特性でも、いつもそのものに付随していれば、その類を構成する資格をもつようになるだろう。そのある対象が類Aに属すか否か、その識別の基準を問われても私は答えられないかもしれないが、にもかかわらず私は識別できてしまう。

さて、問題はこういう非意味的に構成される類が民衆心理学を排斥するかどうかである。チャーチランドはヘッブ学習に頼って、「教師」の介在がなくても学習はなされ、そこでは民衆心理学は不要だと主張する。こうして消去主義のプロジェクトは完遂されるというのである。一方私は少なくとも教師あり学習では意味的なものを排除できないと示した。だから決着は教師なし学習であるヘッブ学習にかかっている。このような重要さにもかかわらずチャーチランド自身はヘッブ学習の議論を簡単に済ませてしまっているのだが、この議論を引きあいに、意味的なものを拒絶できるだろうか。右に見た限りでは、それができそうにも思える。人間的動物的意味をもたない諸性質が類を構成しうるし、特に動物的意味の教導なしで、類を識別できてしまうからである。

しかしながら、本当に動物的意味と無縁かといえば、そういうわけでもない。動物的意味と関係なく形成された類であれ、動物はそれのうえに動物的意味を投げかけてみることができる。ある特徴的な形をした大きな岩は、それ自体としては動物にとってさしたる動物的意味をもたないだろうが、その岩は川へ向かう近道の目印として利用されるかもしれない。自然的で動物的な意味を欠いた対象も、動物的な意味性にあわせて世界を分類するための足場を提供してくれる。まったくの無から動物的な意味が世界を分類するのでなく、――二章、特に四節で見たように――自然的な分類がより詳細な分類を前もって提供してくれていて、それに支えられて意味的な分類が世界に根を下ろすことができるのである（これは八章以下で扱うメルロ゠ポンティの「自然」に通じる機能である）。

非意味的な類が先行するとしても、それですべてがつきるわけではない。現実の動物の生活はそれに加えて意味的なものを動物たちが利用しているのを示している。非意味的な類の先行性だけで動物的意味すべてを排除できるわけではない。消去主義の試みはこれだけでは不十分である。

さらに次のようなことも指摘できる。チャーチランドの意図が直観的レベルの働きの排除をめざしているなら、すでに先に述べたような問題――たとえば「関心」が不在なら知覚も、それゆえいかなる学習もなされない――に突き当たることは不可避である。たとえ動物的な意味を欠いた類の学習であれ、関心をもって世界に向かいゆくことなしでは不可能である。動物がひどく疲れたり睡魔に襲われたりして世界に関心を向ける余裕がなくなるなら、知覚も当然それによる学習も成立しない。したがって、心のなかから直観的カテゴリーを排除しようとする消去主義は心の働きを不可能にする。

しかしながらこういった批判には反論が返ってくるだろう。チャーチランドは唯物論的立場をとり、そもそも実体的に自立した意識を認めない。彼によれば民衆心理学の諸概念はすっかり誤りである。それゆえ意志によって身体を動かすというような想定自体が誤りと見なせるだろう。だとすれば、「関心」をもったからそちらを見たのだとか、「食べもの」だからそれに「欲求」をもちそこへと向かったとか、そういう説明はすべて意志による身体作動を前提するため誤りと言える。その行動に実は意志は役割を果たしていないはずだし、意志が行動につながることはそもそもない。関心、欲求、意志等の民衆心理学概念で記述されていた動物の動作は、何か学問的に有意義な概念で説明できたり置きかえられるようなものではないのだから、民衆心理学的諸概念が役目を果たすことはない、と。

だが、本当に関心や欲求、意志といった概念は、ここで何の役割も果たしていないのか。もしかすると、欲求や関心などの概念は文化的概念にとどまるかもしれない。しかし意志をもちそれを行使できるという「感じ」は、人間に限らずすべての動物の生を導き自由な行動を支える基本であって、文化的なものにとどまりはしない。この意志までが誤りだとするなら、自然はどうしてこのような無意味な経験形態を私に残したのであろうか。これは現象的意識の経験の基本構造をなすものであるから、現象的意識自体の存在意義にもかかわる疑問である。

次章では、意志否定の立場の根本にある、物理世界の因果的閉鎖性のテーゼに立ち戻り、そのテーゼを再検討してみたい。

第七章 「物理世界は完結し、心の働きかけを許さない」と言えるのか

ここまでの議論で物理世界の因果的閉鎖性テーゼの信頼性はかなり揺らいだ。ただ、下向き因果の納得できる説明ができていない以上、テーゼを退けるまでには至っていないが。

ここまでの論議において、批判された議論は多岐にわたる。私の批判の中心は心の哲学にあると言えるが、それには収まらないような心理学者の見解や、四章の不可知性にもとづく議論なども批判的に考察してきた。ただ、批判対象の立場は多岐にわたるとはいえ、フッサール以外の批判対象すべては、暗黙裏にであれ物理世界の因果的閉鎖性のテーゼを前提している。ここで改めて、このテーゼ自体の問題点を考え直してみたい。

【七・一】進化論的観点から

物理世界の因果的閉鎖性テーゼに関して、まずは今までの議論を振り返ってみる。

一章で述べたが、因果的閉鎖性テーゼが正しく、現象的意識が行動にかかわることのできないもの

なら、進化はどうして生存の役に立たない現象的意識という仕組みを作ったのか。このことがまったく説明できない。これが問題の核心である。ただ、これだけでなく、細かに見れば現象的意識の生存的意義に関連して次々と問題が出てくる。

　現象的意識自体についてでなく、その内容についても、大きな問題があった。先に各種の価値中立的現象的意識所与や、欲望、嫌悪、痛み等といった価値的な現象的意識所与について、もしこれらが行動に関係しないならどうして意識されるのか疑問を呈した（一章四節）。そもそも、身体をコントロールするような働きがすべて意識されるわけでもない。たとえば平衡感覚は、身体をコントロールしているが、しかし目まいなどの特殊な場合を除いて、意識に浮上してこないままに身体をコントロールしている。もし身体をコントロールする要因のすべて――意志でコントロールできないものも含めたすべて――が意識化されているなら、意志的に行動に影響を及ぼせないまでも、意識化することに何か必然の理由があるのだと考えられるかもしれない。しかし、実際はすべてが現れているわけではない。だから、もし意識に浮上する現象的意識所与が行動に影響を及ぼせないなら、どうしてこれらの所与だけが意識に浮上する仕組みがあるのか、進化論上の理由が問われなければならない。しかし逆に、意識化できる所与が行動に影響できるものなら、何の疑問も生じない。それらの所与については、意識を介して行動に影響をあたえるために意識されているのであり、無意識の所与はその目的で利用されていないのである。

　もう一点、意味に関し、因果的閉鎖性テーゼが信じがたいといえる根拠がある（一章四節で既述）。ほとんどの欲求や快は、それをかなえることが生存ないし生殖に適するものに対して生じる。意識が行動に影響を及ぼせないなら、どうしてこのように欲求や快が生存に適した行動を促す（ように見える）必要があるのか。意志に影響せず生存上無意味であるはずだから、生存に適する（ように見える）のもその逆も、偶然であるはずである。だとすると欲求や快が生存適合的であることは、まったく偶然の産物だということになってしまう。適合的でない方が確率としてはずっと高かったことであろう。

現象的意識に現れる欲求自体は行動に影響を及ぼせないと仮定して、このことの帰結を確認してみたい。たとえば、腐敗臭のある食べものに食欲が起こるとしよう。しかし仮定上現象的意識に現れる欲求は行動に対して無力である。一方、淘汰によって鍛えられてきた身体と心理学的意識は、適応的な行動を現象的意識とは独立に行う。現象的意識に感じられる欲求とはむしろ逆に、行動出力としては生存に不適なこの食べものに近づこうとしないだろう。そうすると、現象的意識はみたされない欲求にたびたび苦しむことになりそうである。

しかしわれわれはこの種の現象的意識が促す行動の方向性と身体動作の矛盾に駆られることはそう多くない。矛盾するのは多くの場合は、思考にもとづく意志と実際の身体作動である。息子にいいところを見せようと高いところから海に飛び込もうとしても、脚がすくんで動かないということはあるだろう。しかし現象的意識に現れる感性的なレベルの欲求や感情と身体作動が矛盾することは、むしろ例外ではないか。海に飛び込むのを拒む身体は、そのとき意識が感じている恐れの感情と一致した方向性をもつ。思考は身体としばしば齟齬を生じるものの、感性的なものと身体は密接に連関しており、両者の方向性はおおよそ一致している。しかしこの事実と、感性的なものであれ何であれ、現象的意識に現れる何も行動にかかわりえないため、それが示唆する方向性の一致は偶然にすぎないという仮定とは、大きな矛盾をはらんでいる。一致以外の可能な選択肢は多い。腐敗臭に食欲を感じる以外にも、腐敗臭を嗅ぐと頭がかゆくなる、腐敗臭を嗅ぐと大声を出したくなる、等々、でたらめな可能性が多数考えられる。その多数の可能性のなかで実際の行動が生物としてうまく適合している（ように見える）ということの方が、どう考えても確率的に低いはずである。両者が齟齬する事態の方が多いはずであろう。にもかかわらずどうしてむしろほとんどの場合に適合的なのか、説明がつかない。逆に現象的意識が行動に影響できるなら、このことは簡単に説明がつく。この事情もまた、閉鎖性テーゼの不合理な帰結である。

　しかもさらに問題となるのは、これらの現象的意識所与がそれぞれ独立のものであるということである。ひとつだけなら何かの偶然によって、行動に影響しないにもかかわらず意識化されるような仕組みができたり、行動に影響を及ぼせないのに生存適合性に沿うかのような価値的なニュアンスをもつことはありうるかもしれない。しかし実際には、数多くの現象的意識所与がそろって意識化し、また、生に適合的（に見える）価値をもつ。これはもしこの現象的意識所与が意志に無関係なら、確率的にありえないほどの事態である。ひとつがそうなる確率がaとすれば、十個そろってそうなる確率はaの十乗になる。しかし逆に意志に影響を及ぼすことができるのなら、このようにそろうことも進化のなかでごく当然に生じたであろう事態といえる。だとすれば、意識が行動に影響を及ぼせないという主張は、かなり信じがたい。

　ただし、この批判にまだ反論が返ってくるかもしれない。次のような反論である。——「現象的意識所与が生存適合的である（ように見える）こと、しかもそれがひとつでなく、独立に数多く生じていることが物理世界の因果的閉鎖性テーゼの下では信じられないような偶然になってしまうという批判であるが、それを偶然と見なす必要はない。欲求をとりあげてみよう。生まれてすぐ、私はさまざまな欲求をもっただろう。欲求のなかには、かなえられるものもあれば、どうしてもかなえられないものもある（むろん「かなえられる」場合でも、意志は本当は自由をもたず無力だという仮定上、意志自体でなく、おそらくは心理学的意識において「意志」を生み出しその一方で現象的意識に「意志形成」感を生んでいる神経活動が、並行して意志をかなえるかのような身体活動を生み出してもいるだけだということである。他方、それらの欲求のなかでどうしても「かなえられない」欲求というのは、そういう実現経路をもたないだけである）。さて、かなえられるタイプの欲求は、私の意志が実現されうるという確信を生み、私の意識のなかに残っていくだろうが、逆に決してかなえられないタイプの欲求――たとえばそのものに触れることもなく、遠くのものをこちらにもってくるというような『超能力』めいた欲求を考えてみよう――は、つねに挫折するため、長い間にそういう欲求自体をもつことの無意味さを悟り、それをもたなくなるのではなかろうか。私は現にこういう『超能力』が必要な欲求をもつことはほとんどない。子供の頃ならそういう欲求をもったかもしれないけれども。欲求に限らず、ほかの価値的な現象的意識所与でも、適合的でないものはこういう仕方で私の意識のなかでいわば『淘汰』され、成長した私の意識のなかには、適合的な（ように見える）ものしか残っていないという事情ではないだろうか。こうだとすると、適合的な（ように見える）ものしかないことも、信じられないほどの偶然というわけではなく、それだけになった理由が十分説明できる」。

しかしこの反論もまた、説得力に乏しい。因果的閉鎖性テーゼが正しく、また意識が物質によって決定されているなら、私は欲求をもつまいと思っても欲求をもたなくすることなどできないはずである。非現実的な欲求であれ、それを支える物質の面で何かの変化が都合よく起こらない限り、それをもちつづけるだろう。そうして、今も、世界適合的でないが、行動に影響しないから無害な、数多くの欲求に悩まされていることだろう。

逆にもし因果的閉鎖性テーゼが成りたたないとすればどうか。その場合、現象的意識は心理学的意識の機能である自由意志に影響（影響は能動的な働きかけではないだろう。能動的働きかけが可能なのは心理学的意識だけである）して、間接的に行動にかかわりうる。このような仕組みができているからこそ、欲求などの動物的な意味をもつ現象的意識所与が現象的意識に現れるようになったと考えられる。因果的閉鎖性テーゼにもとづけば、進化は現象的意識を行動に影響しないにもかかわらず残したということになるが、右のように考えてくると、因果的閉鎖性テーゼのこの結論は一層信じがたくなる。

【七・二】意味と自由

しかしながら、ここまで議論を重ねてきたにもかかわらず、物理世界の因果的閉鎖性テーゼはあまりに自明に思えてしまう。物理世界はすべて因果法則にしたがって動く。人間はその法則を次々発見してきたが、発見しようがしまいが、物質はその法則に従って動いてきたし動き続ける。人類の誕生以前もそうだったはずである。そもそもここまでの議論で何度も頼ってきた進化の事実も、そういう物質の運動の結果である。物質の法則は人間の認識とは無縁な客観的な法則なのである。心的現象だけが何か例外的なものだという確たる証拠はないし、むしろ物質について今まで妥当してきた客観的な方法によって解明できると考える方が自然である。自然科学者はごくごく一部の例外を除いて、そろって物理世界の因果的閉鎖性を支持するだろうし、物理的因果の鎖のなかに、心が影響を及ぼせる接触点などありそうにない。せいぜいあるとしたら、物質が精神を規定する付随現象的な関係ぐらいであって、心から物質への下向きの因果の余地がありそうには思えない。

今までの議論は因果的閉鎖性を外から批判するような議論だった。ここで一旦、逆に因果的閉鎖性を前提して考えてみよう。もちろん一方で意識があることは認めざるをえない。両者の両立が課題である。四章では両者の両立策を検討し、うまくいかないと確認したが、こういう具体的な両立策でなく、両立の困難がどこにあるのか考えてみよう。四章と同様に、また因果的閉鎖性を認める立場の人たちと同様に、心と物質の両秩序が対応しあっている――どちらが主かは捨象して――と考えるとき、困難を引きおこすひとつの大きな要因は、両秩序の作動原理がまったく違うもののように思えることである。物質は機械的に動く。一方、意識は意味的なものによって動く。ある獣は獲物を見つけ、相手に見つからないように身を低くして近づき、相手に見つかったと思ったら一挙に追いかける。その行動は、目的、意図、手段、利害等々というような意味的なものによって組織されているが、それは意識がそのような概念によって組織されているから可能になるのである。一方意味は機械的な作動をなす物質には無縁である。物質は意味も目的も利害も無縁に動かされて動くだけである。だから物質的な働きが意識を生み出し、両者が対応していると考えるときに、これほど異質な心の作動がどうして物質によって担えるのか疑問が生じる。

この疑問はコンピュータのたとえで解消できないだろうか。コンピュータは機械だが意味的なものについてコンピュータに計算させることもできる。コンピュータの物質的レベルと、その機能とは別であって、その差があるからこそ、脳というような有機体と同じような機能をコンピュータも果たすことができる。

コンピュータに意味的なものの演算を可能にしたのは機械を設計し、またソフトを作り出した人間である。脳の場合は誰が意味的作動を可能にするように組み立てたのか。それは進化の過程である。生存のための行動は目的的であるがゆえに意味的な行動である。目的的に行動できるような機構をもつなら、その動物は生存に対する適性を増す。こうして、多くの動物は意味的に行動する能力を身に備えることで、生きのびてきた。

因果的閉鎖性テーゼを主張する者たちは、この意味的活動も現象的意識によらず、脳の決定論的機能としての心理学的意識と身体だけで担われてきたと考えるだろうか。たしかに一章二節のゾンビ論議において見たように、現象的意識なき心理学的意識だけで、意味的行動はそれなりに可能と思われる。昆虫などは目的的な行動をおそらく現象的意識なしでやり遂げているのであろう。だからそれは絶対不可能とまでは言い切れない。しかしもしそうだとすれば、右に見てきたような仕方で物質が意味的な現象的意識を生み出す仕組みが否定されることになる。というのも心理学的意識の機能である意志が真に自由をもつことは否定されるから、現象的意識は行動に影響しないはずで、現象的意識が生存適合性を増減することはない。そのため現象的意識が生存に有益な意味的な作動をするように圧力がかかることはなく、その方向に進化してきたはずがない。先に仮想したような現象的意識と行動の矛盾——腐敗臭のするものに食欲を感じる——も当たり前になってしまうだろう。こういう理由で、進化が現象的意識を生存適合的にしてきた、という可能性は否定されてしまう。

このような事情だとすれば、せっかく進化というメカニズムによって物理世界の機械的な作動と意識の目的性の対応関係を説明できたのに、真の自由意志の否定に固執したためにその説明を放棄せねばならなくなる。つまり因果的閉鎖性を前提として現象的意識の説明をスタートしても行きづまる。だとするとここで、私の今までの議論と同様に、因果的閉鎖性テーゼを否定して自由を認め、それにより、現象的意識が行動に影響できるものとするという別の出発点をとる選択肢が浮上してくる。進化のメカニズムが現象的意識の行動への関与を強く示唆しているといえる。

また、因果的閉鎖性テーゼによる自由の否定は、学問のよって立つ思考に関しても矛盾を引きおこす。

思考は心理学的意識の働きと考えられよう。因果的閉鎖性テーゼによれば、思考の営みも必然である。だが、思考は現象的意識においても現れ、そこで思考の歩みは自由と感じられる。[19] 思考において、Aと結論するかBと結論するか、私次第だと感じられる。自由でないのに自由と感じることに、生存上の利益はない。そもそも現象的意識が行動に影響を及ぼせないなら、現象的意識が自由と感じようがそうでなかろうが、生存上違いはないはずである。にもかかわらずどうしてわざわざ現実に反して自由だと思わせる必要があるのか。理由が分からない。

しかも、現実の思考のあり方に反するということは、チャーマーズお得意の構造的整合性に背馳《はいち》することにならないだろうか。彼は現象的意識は心理学的意識を構造的対応関係をもって反映している、と論じていた。その対応関係について私は、意識が自由をもち生存適合性を増大できるのでないなら、対応関係の説明がつかないと批判を繰り返してきた。これに対して考えうる彼の答えは、どうしてこの原則が成りたっているのかは説明できないというものでしかなかった。説明できないまま、この原則に依拠するのである。

今回はその逆の事態である。心理学的意識の非自由という事態に対し自由という感じが生じ、整合性原則が破られている。どうしてここではいつもの原則が成りたたないのか。チャーマーズは通常この原則が成りたつことについて理由を示せなかったのだから、この場合が例外だという理由も示せないはずである。例外を認めることで一貫性が欠ける。しかし因果的閉鎖性テーゼを守るためには例外を認めざるをえない。このように自分の理論に都合よく例外を認めることは、ご都合主義のそしりを免れないであろう。

逆にもし自由を認めるなら、思考の自由感は事実であり、整合性原則の例外と考える必要はなくなる。また整合性原則自体も、現象的意識が自由意志を介して生存適合性を増大できるためには、心理学的意識と整合性がとれていないといけない、という理由で、何の苦もなく説明できるのである。

【七・三】自由か必然か

物理世界の因果的閉鎖性は、自由が存在するかどうかにかかっている。本当の意味で自由が存在するなら、因果的閉鎖性は成りたたない。因果的閉鎖性と自由の不存在は切り離せない。にもかかわらず、因果的閉鎖性テーゼを主張する者は、自由の問題を一旦棚上げしてこのテーゼの妥当性を確認する。そして、自由の問題を除くすべてに妥当するように思えるから、その信憑《しんぴょう》性をテコに心も含むすべてに妥当するはずのものだと論じる。しかし、テーゼの信憑性を得るには、それが心の問題にも妥当することを示さねばならない。もっとも難しい問題を放置したままでは、決してその信憑性がえられるはずがない。

むろん同様のことは本当の意味の自由を認める立場にも言える。自由を認めるには、意識が物質に影響する下向きの因果という一番大事な問題が解決されねばならないが、それがまったく手つかずである。だが、最低限言えることは、対立するふたつの立場のどちらが優位というわけでもないということである。

どちらの立場にとっても、意識と物質の関係の解明が焦点であり、それが解明されていない現時点では、自由の存在はもちろん、因果的閉鎖性テーゼも証明されていない。したがって、このテーゼを意識の解明に利用するとか、このテーゼにもとづいて意識について語ることは、十分な根拠にもとづくものと言えない。少なくとも現段階では十分な根拠は欠けている。にもかかわらずこのテーゼは、あたかも解明済みのもののようにもちだされることがある。それは前記のようなこのテーゼの性格にそぐわないのである。

現段階では物理世界の因果的閉鎖性テーゼを過大に評価すべきではない。もちろん、そうは言っても、このテーゼを打ち破れるような意識と物質の関係の新しいモデルを組み立てることは至難の業である。もちろん私もそのような大それた試みを企てているわけではない。むしろ私が企てているのは因果的閉鎖性テーゼを前提としない解決の、ごく大まかな方向性を示唆することである。因果的閉鎖性テーゼを維持する方向だけに可能性があるわけではない。私はむしろ意識から物質への下向きの因果を許容するような方向に、もうひとつの選択肢を探りたいのである。

＊　＊　＊

下向きの因果を認める方向とは具体的にどういうものであろうか。本書第一部の議論において確認できたのは――二章三節末でのまとめ方を再掲すれば――、意識は動物の意識として、次のようなものでなければならないということである。

まず①現象的意識は（心理学的意識のもつ）意志の能力を介し行動に影響を及ぼせるはずである。これは直前に述べた、物理世界の因果的閉鎖性が成りたたないということを含意する。②現象的意識は生存適合性を増すから進化の過程で生まれ生きのびてきたのであるが、意志だけでは適合性を増すことにならないので、適合性を増すために意志の選択を助ける多様な情報源が、無意識の状態以上に利用できるようにならねばならない（二章二節では条件反射の例などで、実際にエピソード記憶情報がこういう情報源として働いていることを確認した）。さらに③それら多様な情報源がまとめられかつ整理分類されたのち、利用できるように表象される場が必要である。整理分類は心理学的意識の役割だろうが、その結果の諸表象を現象させる場をあたえているのは現象的意識であろう。

　このような生物の意識の基本原則を手がかりに、より具体的に生物の意識のあり方を探りたい。次の第二部八章以下ではそのための試みを続けたい。そのためには、意識の現実のあり方を描き出すことが必要である。今までは意識のあり方について、誤った観点からの思弁的な意識観を反駁することが主だった。現実の意識とは動物の意識である。学問は現実の意識から普遍的な意識の本質をとりだすことが使命なのではない。むしろ事実的なこの意識のあり方を究明することが、意識を考える上で重要である。その観点から、意識のあり方を今までの表面的で否定的な規定にとどまらず、より積極的に描き出すことを企てたい。最終的にはそのことが、意識と物質の関係を解明するためにどちらに向かうべきかという方向性についての示唆をあたえてくれることを期待しながら考察を進めたい。

第二部

意識は本当はどういうものか

第八章　意識の実像
――ふたつの実存とふたつの視覚経路――

ここまでは意識のあり方について、諸説を検討し現象的意識の無用説につながる主張を批判する否定的な議論を展開してきた。物理世界の因果的閉鎖性と心的因果、とりわけ下向きの因果との矛盾という難問に関しては、当然とはいえ私には解消に向けて成果を収めることができなかった。それはあまりにも大きな問題である。

ここまでと異なり、本章以下の第二部では、より積極的に意識のあり方を叙述することにしたい。その意図は単に意識について別の仕方で語るということだけではない。むしろ主たる批判対象である心の哲学が概して忘れてきた動物の意識としての意識のあり方を積極的に語ることによって、私には及ばなかった下向きの因果の問題がもし解決されるとすればどの方向にその解決は探られるべきか、その示唆をえるためでもある。意識の現実のあり方をさらに詳細に見ていくことにより、問題の解決の方向の示唆、少なくともそれが進むべきでない道がどの道なのかということの示唆はあたえられることであろう。私はそういう意図も込めて、本章以下で、今までより積極的に意識についての規定を試みたい。

以下では、意識の機能上の構造を中心にして、第一部の議論ではなかった基質的な面にも触れながら論じる。また、ここまで本格的に触れることのなかった、現象学者の研究を参照していく。序で述べたように、事実性重視の現象学的な立場こそ本書の基本的な立場なのである。

【八・一】メルロ＝ポンティのふたつの実存

メルロ＝ポンティは『知覚の現象学』(Merleau-Ponty 1945.) において、世界を生きる事実的な存在としての実存概念を基軸とし、実存全体の機能の一部として、知覚をはじめとする心の諸々の働きを考えようとする。事実的な生きるための意識という観点から意識を見直すべきという私の前章までの議論に立てば、メルロ＝ポンティの考えは魅力的である。まずはこれを参考に意識のあり方を考え直してみたい。ただ、以下に見るように彼の限界もあるので、彼の説をすべて受けいれるわけではまったくない。

メルロ＝ポンティの議論を紹介するためにまず、実存としての主体観から説きおこす必要がある。実存とは、自己の置かれた状況や所与の条件による事実的な諸々の規定を被りながらも、その状況、条件をふまえて未来の自己へ向けて自己を形成してゆく活動である。私はいつも何かの目的をもって行動する。明日の講義のために、今、講義準備の調べものをする。その行動は未来の私を、明日自信をもって講義できる私を作り上げるものである。しかしその目的も、現在の事実的な状況のなかから生まれてくるものであり、何もないところから生じるわけではない。私は大学教師という職業に就いているから、講義のための調べものをするのであり、私が他の仕事に就いているならそういう行動をしようとするはずがない。私の行動はすべて事実的な現在の条件をふまえて、未来の望ましい私を実現しようとする志向のなかで生まれてくる。私はこういう志向をもつ実存としての実践主体であって、単に世界を眺め思考する認識主体ではない。そして世界は第一に認識の場でなく実践の場であり、実践的な意味をもって万物は私に現れてくる。認識はむしろ実践の手段であり、実践のために情報を集めることなのである。

とりわけメルロ＝ポンティが強調するのは、主体が世界のうちに身体をもってあることである。ある意味で私がこのような身体をもつことは偶然でしかない。別の身体の私を考えることは十分可能である（R・デカルトのように意識が身体をもつことさえ偶然の事実だと主張する哲学者もいる）。しかしこういう身体をもつという偶然が、私の現在の状況を形作り、未来の私のあり方を作り上げる際に大きな影響を及ぼす。私は羽をもたないから、地表以外は私にとって無意味な空間であり、空に飛びあがろうという意志など、通常はもつことがない。鳥と違った身体構造が、世界への関わり方を鳥と違ったものにする。身体がどういうものであるかは、私の世界に対する関わり方を規定する。私は現在の身体のあり方を引きうけることで、ある意味偶然でしかなかった身体のあり方が、私のいかなる企てをも規定する必然的な条件に転化する。「人間実存とは……引きうけの行為を通じて偶然を必然に転化する運動」（PP, p. 199.）だとメルロ＝ポンティはいう。

認識される世界の意味も、実存からあたえられる。私が山登りをしようとするその意図に応じて、山道をふさいでいる大きな岩は障害として現れてくる。私が元々その道でなく、岩の直前で分岐する別の道を通るつもりだったら、その岩も障害ではなく、単にその大きさに感嘆するだけの対象になる。意味は私から対象へとあたえられる。しかしその意味はまったく自由にあたえられるのではない。その岩は私の背丈をこえる大きさだとはいえ、この山全体や、あるいは地球と比べてみるならごく小さなものともいえないだろうか。いや、私はその岩をちっぽけなものと見ることはできない(PP, p. 502.)。私はこのサイズの身体をもつから、背丈以上の岩をちっぽけと見ることはできないのである。私のものの見方はこのサイズの身体をもつという私の事実的条件によって規定されている。

メルロ゠ポンティによればこのような実存としての主体は、実は一枚岩ではない。身体に根ざした「身体的実存」と、意志や思考の座である「人格的実存」とに区別できるという。その差異は、私が身体的活動をするとき、その身体的活動の詳細についてほとんど意識されないまま行うことができるという事実に顕著に見られる。自転車に乗るとき、私は精妙なバランスをとって運転している。角を曲がるときなど、バランスの崩れが起きやすいが、ハンドルの操作に伴い体の位置をうまく変えることで重心を移動させ、バランスをとっている。しかし私は、その際どういう風に体を動かしたのか、語ることができない。ではそれは「私」の知らないところで起こる機械的な運動なのだろうか。しかしバランスを崩さないための精妙な重心移動は、そのつどさまざまなバランスの崩れに合目的的に対応しているのであり、歩いているときのバランスのとり方と、自転車でバランスをとるのとは、対応がまったく違う。バランスの崩れに機械的に反応しているだけなら決まり切った仕方でしか対応できないであろう。そうでなくむしろ、歩く身体のバランスを崩さない、自転車のバランスを崩さないという、そのつどの目的に応じて、それにふさわしい身体の動きをとっている。つまり、バランスをとるのは「私」ではないから身体だと言わざるをえないが、その身体自体が目的を理解した意味的な活動を行っているのであり、そういうものとして身体はある種の主体、もうひとりの私である。

メルロ゠ポンティはこの「もうひとりの私」を「身体的実存」と呼ぶ（「身体的実存」と呼ばれても脳の関与が否定されていると理解すべきではない。メルロ゠ポンティは詳しく述べていないが、おそらく小脳を中心とした脳の関与があるだろう）。一方、思考したり意志したりする、ふつう「私」と呼ばれている実存は、「人格的実存」と呼ばれる。人格的実存は身体活動について、ただそれを始めよう、やめようと意志することはできるが、その活動の細部に関しては、身体的実存に任せるしかない。障害物を避けるとき身体をどう動かして避けているか、人格的実存は知らない。通常の生活のなかでは、自分が障害物を避けていることさえ、人格的実存は知らないことがある。とりわけ習慣的に身についた活動は、身体的実存の管轄であり、意識がその細部を知ることはない。

メルロ゠ポンティはこういう機能の分担は人格的実存の固有の仕事への専念を可能にするための必然だという。人格的実存が人間的な働き、すなわち思考や意志作用に集中するためには、身体が担っているような細々としたそのつどの環境への応答という動物的な働きにかかわっている暇はない。そうではなく状況への「反応の準備がもはや人間の実存の中心部で生じるのでなく、むしろ末梢部で生まれるのでなければならない」（PP, p. 103.）。引用中の「末梢部」とは身体的実存のことである。身体的実存がそのつどの環境への反応を、習慣的、自律的な仕方で行ってくれることが、人格的実存にとって不可欠なのである。「自らに習慣的身体をあたえることは、最高度に統合された実存にとっては内的に必然的である」（同所）。分業体制があり、それが身体の一種の自動性を説明する。

＊＊＊

本書の主題である意識の議論に戻ろう。以上のようなメルロ＝ポンティの見解をふまえれば、人間という動物の意識も実存の一環であり、意識を単なる認識する意識と考えるのは誤りである。動物は世界にかかわることによって生を維持している。世界はそこに食物があり、あるいは敵が潜んでいる場であり、世界についての情報を適切にとらえることが生きるために不可欠である。知覚とは世界の観照の手段でなく、生きるための情報を獲得する手段である。動物はそういう場だから世界にこの上ない関心を寄せる。世界の認識は、世界へとかかわりゆく力によって支えられている。

メルロ＝ポンティは心理学者K・ゴルトシュタインらの研究をもとに、「シュナイダー」と呼ばれる患者の障害の詳細な解釈を行っている。シュナイダーは後頭部の損傷がもとで知覚や認識、行動に広範な障害を示すようになった患者である（PP, p. 131.）。認識に関しては、対象の意味が読みとれないなどのさまざまな障害がある。

メルロ＝ポンティはこの患者の障害の根本原因は、後頭部の損傷のため世界へ向かう「意識のエネルギー」が衰えたことにあると述べる（PP, pp. 151-152.）。世界へ向かう志向性の衰えということである。健常者の場合、世界へ向かう志向性が対象にさまざまな意味を浮かび上がらせる。一方、その志向性の力が減衰するなら、対象の意味は失われ、対象認識は困難になる。たとえば患者は見せられた万年筆が即座には認識できない。意味を浮かび上がらせるための志向性が衰えているからである。そのため万年筆に限らず、「世界は彼に対してもはや表情（*physionomie*）をもたない」（PP, p. 153.）。そこで患者は万年筆の認識において、代償的に推論的な方法を使う。形態上のいくつかの特徴を手がかりに、まず「何かの道具」という推論にいたり、さらに新たな手がかりをえて、「書くための道具」と推論し、最終的に「万年筆」という判断に至る。

一方、健常者の認知はこのような迂遠な推論をたどらない。万年筆を認識するとき、われわれなら一目でそういうものとわかる。それは世界へ向かう志向性が、世界を実践の場としてとらえ、そこにあるものを可能的実践のための道具として、場合によってはその妨げとしてとらえようとするからである。その志向性が眼前の対象に可能的な筆記道具（万年筆）という意味を浮かび上がらせる。シュナイダーとの対比で明らかになるのは、われわれ健常者の認識は、単なる知性の産物であるわけではないということである。むしろわれわれの認識は、実践の場として位置づけられた世界へと向かい、そこに自らの可能的実践の意味を浮かび上がらせようとする実存の生きる力によって支えられているのである。

知覚の活動も、身体活動であり、ほかの身体活動と同様に、身体的実存の働きに帰される。「私が感覚を経験するたびに私が経験するのは、感覚がかかわるのは私の特有の存在、つまり私がそれに対して責任を負い、それに関して決定をするような存在ではなく、むしろすでに世界に参加している……別の私にかかわっているのだということである」（PP, p. 250.）[20]。知覚を営むのはもうひとつの私、身体的実存である。

知覚における身体の振る舞いを細かく見てみよう。視線を対象に向け、焦点を合わせ、視線で対象のあちこちをなでることで、対象知覚は可能になっている。教室の机といった対象を客観的に観察するときと、その机がきちんと並んでいるか点検しているときと、ひとつひとつの机に落書きがないか調べるときと、すべて視線の操り方が違う。机に落書きがないか点検するときは目を間近から机の面に落とさねばならないが、机が整頓して並べられているかどうかはひとつひとつの机の面を細かに見なくても遠目でわかる。実践に応じた視線の操り方があり、知覚はその実践の目的を実現するための手段として理解されねばならない。知覚対象も実存がいかなる意図、目的をもってそのものにかかわるかに応じて、違う形で現れてくる。知覚対象は目的をもって世界にある実存の相関者である。知覚は決して受動的な過程でなく、世界への目的的で能動的な問いかけなのである。

しかしその視線の操り方について、人格的な私は視線を何にどのように向けて見ているのか知らない。ましてや眼筋をどう操作して焦点を合わせているのか知らない。だとすれば知覚についても人格的実存でなく身体的実存が目的にふさわしく身体を操ることで目的が達成されていると言わざるをえない。「視覚は人格に先立つもの」(PP, p. 251.) であり、「私は感覚を、すでに物理世界に捧げられ、私がその創始者でもないのに私を通じて噴出している一般的実存の様態として経験する」(PP, p. 250.)（引用の「一般的実存」は身体的実存とおなじもの）。そして人格的な意識の関知しないところで生じている以上、知覚における身体作動はこのように、意識外の働きと言える。

＊　＊　＊

さて、ここで、前記のメルロ゠ポンティの二実存説と、本書前章まで見てきたチャーマーズの意識の二分との関係を、今後の議論のためここで確認しておきたい。

どちらも基質的な区分ではなく機能的な区分である（もちろん、機能的な区分が基質的な区分にもとづいている可能性はあるが、そうとは限らない）。しかしながら今見てきた実存の区分においては、それぞれの実存が一定の独立性をもつものとして働いている。それゆえに「分業」という言い方もできた。機能的なまとまりとしてふたつ実存がある。一方、チャーマーズの意識の二分は、ひとつのものとして働いている意識のもつ諸機能を抽象的に、「現象的意識」と「心理学的意識」のふたつに分けて考えたものである。だからこちらではふたつの別個の意識のまとまりがあるわけではない。ひとつのものだからこそ、チャーマーズの言う「構造的整合性」も成りたつ。もしそれぞれが別個のまとまりをなすのであるなら、それらの働きの間に細かに整合的な関係が成りたつ理由がわからないが、ひとつのものの別々の側面だから、対応しあうことは不思議ではないのである。

なお、チャーマーズにおいて両意識いずれも「意識」と呼ばれるのは、構造的整合性が成りたつからである。心理学的意識は単独では「意識」と呼べない。これだけをもつゾンビは「意識をもたない」のだから。チャーマーズは心理学的意識に「意図的なコントロール」を含める（CM, p. 27／五一頁）が、意図的でないコントロールは排除している。後者は現象的意識に対応物をもたないため、「意識」の働きと呼べないからであろう。

一方、メルロ＝ポンティのふたつの実存については、身体的実存は無意識のものである。この「無意識」は右に述べたところから、心理学的意識ではなく現象的意識および心理学的意識両方のかかわらないレベルであるといえる。その意味でカバーする範囲がチャーマーズの意識の二分とは明確に異なっている。

【八・二】「自然」とは何か

前節で紹介したメルロ＝ポンティの二実存説に並んで注目したいのは、彼の「自然」概念である。第一部（とりわけ二章二節〜四節）でも「自然」概念を論じたが、実は、おなじ「自然」という名称でメルロ＝ポンティもほぼおなじ概念を叙述している（彼の「自然」概念は時期により異なるが、ここでは『知覚の現象学』の「自然」概念に絞って論じる）。

第一部で私が確認した意識のあり方は、意志をもち、多様な情報をえてそれの総合整序の能力をもつものである。そのような能力の具体像をメルロ＝ポンティを手がかりに描写していきたいが、そのためにも本節では、この「自然」について検討する。すぐあとで詳しく見てゆくが、この自然の表象についても、第一部で見た自然表象と同様、それ自体に実践的意味は欠けているものの、それに対しそのつど異なる実践的意味があたえられることによって、多様な用途に使用されうる汎用的表象だといえる。つまり意識にとって本質的なものである総合性を反映するような表象なのである。あとで見るが実践的表象よりも汎用性が広く、それゆえ自然表象を詳しく見ることで実践的表象の働きも自ずからわかってくるという面がある。これがメルロ＝ポンティの「自然」に注目する第一の理由である。

第二の理由は、メルロ＝ポンティにおいて「自然」は大きな問題をはらんでおり、その問題の解決の如何《いかん》が前節で紹介したメルロ＝ポンティの実存概念の当否にもつながりかねないということである。その意味で彼の自然概念を検討することは重要な意義をもつ。

そのため、本節では、彼の自然概念に注目して意識の考察を進めていきたい。

＊　＊　＊

さて、今述べた「自然」概念のはらむ問題というのは次のようなものである。メルロ＝ポンティの言うように知覚もまた実存の営みだとすると、第一部で見た「自然」の性格と一見したところ衝突する疑いが生じる。自然とはそのつどの個々の実践的意図とは独立に、それ自体で存在するものであった。生物にとってのそのつどの意味に尽きない形で、対象それ自体が自然として現れてくる。自然は実存的な諸々の意図、目的を排除する。だから実存的意味を最重要視する認識観をメルロ＝ポンティがとり、知覚対象の意味を実存にとっての意味から考えようとするなら、「自然」について語ることは困難になるのではないか。しかしながら私の知覚世界に「自然」があるのは現象学的に否定しがたく、しかも先述のように大きな意味をもっていることもまた否定しがたい。

私のここまでの議論においても、「自然」は大きな役割を演じてきた。心の哲学者たちが想定する現象的意識の所与のひとつの典型が自然であり、直接的には実践的意味をもたないがゆえに、現象的意識の無用性の議論になじみやすい。こういう理由で現象的意識の生存に対する有効性を示すための試金石の意味をもっていたと言える。一方私は二章二節～四節で自然が実践的意義をもちうると詳細に論じた。このような「自然」概念をどう位置づけることができるかは、私の議論にとって重要な意義をもつ。

メルロ＝ポンティの語っている「自然」も、ここまで私が「自然」として語ってきたのと同様のものである。『知覚の現象学』によれば、自然に属する知覚対象としての「ものはわれわれの実存にとって引力の極であるよりも、はるかに斥力の極である。われわれはもののうちに自らの姿を見いだすことなどないが、そのことがものをものにしているのである」(PP, p. 374.)。実存の相関者である人間的意味に覆われた対象と世界が、世界のすべてなのではない。私が当面の関心事から離れ、無関心な目を向けるとき、ものは私とは無縁な、ものそのものとしての姿を現す。ものの形態や肌理《きめ》、配置といったものの客観的特徴は、私がどういう興味関心を抱いていようと、それとかかわりなくそこにある。それは当面の関心事に没頭しているときはせいぜい背景的な形でしか見えてこないが、当面の関心事から解放されてぼんやりと周囲に目をやると、おもてだって見えてくる。私の主観的な関心とは無縁に見えるこのような世界のあり方が「自然的世界」と呼ばれる。ただ、「自然的世界」といっても、人工物に対比される自然物にかぎらない。机や黒板を「自然」として見ることもできる。机を道具としての用途を離れ、ものとしての客観的特徴に限って見るとき、机はひとつのものとして現れる。用途と無関係に、素材、形態、色彩が現れてくる。

私はふつう、なんらかの関心事をもつ。私の周りのものはその関心事との関連で意味をあたえられてくる。山道は山歩きする私の歩行の助けであり、山道を遮る岩は歩行の障害である。これに対し、自然的世界とはそういう当面の関心事に対する実践的な意味合いにつきない、それ自体として現れるもののことである。私の歩行の関心を離れて、眼前の岩の形態や肌理、また岩の上に止まる一匹の蝶が私の目に入ってくる。

これは私が前章まで語ってきた自然とほぼ同様だが、しかしメルロ゠ポンティの実存的な知覚観とどう矛盾なく両立しうるのか。知覚的意味とは世界に向かいゆく動物としての志向が、対象の主体にとって浮かび上がらせるものと見なされていた。しかし自然は、こういう主観的な意味をもたないのである。

メルロ＝ポンティの考えでは自然の知覚と実存的意味を帯びた対象の知覚とでは、それを知覚する主体のあり方が異なる。「われわれが自分の仕事を中断して、ものに対し形而上学的で利害関心にとらわれない注意を向けるとき」（PP, p. 372.）に、生の相関者と言えないものとして自然が現れてくるという。ひとは抽象的な関心をものに向けることができるが、その際こういう自然が現れてくることは間違いない。ただ、その一方で、ふだん私はこのような態度をとらず、世界に現在の実践的関心にもとづく目を向けている。このときものは実践の文脈で道具として現れてくる。自然と実践的意味をもつ対象との差は、主体の関わり方の差として矛盾なく説明できそうである。

しかし「ものに対し形而上学的で利害関心にとらわれない注意を向け」、自然を対象とすることができるのは、人間など、高度な実存のみであろう。ふつうの動物には可能と思えない。だがそうだとすると、メルロ＝ポンティの言う「自然」は、前章まで見てきた「自然」が担うと想定していた役割を果たせないのではなかろうか。前章まで（とりわけ二章二節〜四節）見てきた自然は、動物などでも記憶に残り、学習などに役立てられるものである。だからこそ現象的意識をもつことで生存適合性を向上させることができたのだった（もちろん、現象的意識の所与のうち、自然だけがこの役割を果たせるというわけではなかったが）。この点をどう考えるべきか。

実は『知覚の現象学』にはもうひとつ「自然」と呼びうるものがある。そちらになら生存適合性向上の役割を求めることができそうである。

人間はそのつどの実践に応じた世界のなかに身を置く。私の周囲のものは実践の相関者としてその光に照らし出され、その手段やその妨害物等の意味をあたえられている。しかしそういった「われわれのおのおのが自分のために作った人間的世界のまわりに、一般的な世界が現れる。われわれは愛や野心といった特殊な環境のなかに身を置くためにも、その一般的な世界にまず属さなければならないのである」（PP, p. 99.）。この引用で「人間的世界」に対比される「一般的な世界」とは、人格的実存がそのうちに吸収しつくすことができない世界、身体的実存が描き出す世界であり、知覚の世界もその一部である。

「私が死別の悲しみに押しつぶされ、悲嘆に暮れているあいだでも、私のまなざしはすでに前方を漂い、輝いているものにひそかに関心を向けている。まなざしは自律的な実存を再開しているのである」（PP, p. 100.）。こういった現在の実践に統合しきれない志向性が知覚を動かしており、それが描き出す世界は、そのときの実践の相関者としての世界ではなく、むしろ前章まで述べてきたような「自然」なのである。

こういう自然の相関者は「すでに世界に加担しているもうひとりの私」、「一般的実存」（PP, p. 250.）ともいわれ、先の表現では「身体的実存」に相当する。その限り動物でもこのような主体として自然に向かうことが可能である。その限り、前出の人間的な主体にしか可能でないような世界へのまなざし——「形而上学的で利害関心にとらわれない注意」——を向けるときに現れてくる自然と違って、前章まで私が「自然」に想定してきた意識の働きにおける役割を果たせる。つまり動物などでも痕跡条件付け（二章二節で論じた）における条件刺激となるし、広くエピソード記憶に残り、学習などに役立てられるものである。

しかしながらここでまた別の問題が生じてくる。メルロ＝ポンティにおいておなじ自然でもかかわる実存が違うように見えるという問題である。最初に言及した自然は人格的実存の管轄であり、あとの自然は身体的実存の管轄であるように思われる。おなじ自然でこのような違いは許されるのか。もしかしたらこのような差異は、両自然がおなじ名前で呼ぶことのふさわしくない別々のものであることを示唆しているのかもしれない。

詳しく見ていこう。まず最初に述べた「形而上学的で利害関心にとらわれない注意」の対象としての自然に関して考えてみたい。これについてのメルロ＝ポンティの説明はかなりわかりにくいものではあるが、人格的実存が具体的実践的関心を離れた抽象的、形而上学的関心を世界に向けつつ知覚することによって、そこにすでに身体的実存の働きによって形成されていた自然が暴き出されるというメカニズムが想定されているようである。

自然の形成についてはたとえば、自然は知覚の世界の一般的な「典型」（typique）として想定されていて、それは人間的身体の対象だ（PP, p. 377.）と述べられている。これは身体的実存が眼筋の緊縮、視線の動き、等々、知覚に必要な身体的な働きを実現することによって、あらゆる知覚においてそのつどの人間的実践に左右されずそれを支える、世界の一般的な「典型」としての自然を私に対し形成してくれるということであろう。

一方、自然を知覚する者については次のように述べられる。「人間の生は客観的思考において自らを否定する能力によって定義できるが、人間の生はこの能力を、世界そのものへの原初的な結びつきから入手しているのである」(同所)。この引用によれば、私が「客観的思考」を展開し、そこで私の相関者でなく、私に依存しない客観的なもの、つまり自然を考えることができるのは、実は世界との身体的・原初的な結びつきがあってそこで世界の一典型としての自然の知覚を身体的に遂行しているからだというのである。その構造が自然として客観的思考――「形而上学的で利害関心にとらわれない注意」――において暴き出される。つまり、人格的実存によって暴き出される。このように、自然に関しては、形成者＝身体的実存と認識者＝人格的実存とが別ものと見なされているようである。

次にメルロ＝ポンティの二番目の自然であるが、これについて彼自身がはっきりとしたことを述べているようには思えない。しかし、右に見たとおり知覚のための身体調整を行うのが身体的実存であり、また、意識的に知覚内容を知るのが身体的実存ではありえないなら、彼の第一の自然と同様に考えられそうである。つまり、第二の自然においても自然認識のための知覚を身体的に遂行しているのは身体的実存であるが、そこで知覚された知覚内容を認識しているのは人格的実存だ、ということになりそうである。逆に、第二の自然で知覚内容を身体的実存が認識しているというのなら、ある知覚内容(第一の自然)は人格的実存の対象であるが別のもの(第二の自然)はそうでないということになってしまうが、これはいかにも考えにくい。むしろいずれの知覚も(そして自然に限らずどの知覚も)人格的実存の対象と考えるべきだろう。

人格的実存の中心的な実践的志向の相関者としての意味が、そのひとの意識の中心に現れているものの、その周辺には、あるいはその志向がときに断たれた折に、実践的志向とは無縁の世界が人格的実存に対して現れてくるということであろう。そしてこの二番目の自然については、動物も知覚できる自然であり、これを知覚できる現象的意識は、それをもつ動物の生存適合性向上に役立つ。これで先の問題も片付く。[21]

＊　＊　＊

ところで、私見では、この「自然的世界」のよそよそしさ、つまり主観的な意味づけを免れた性格が、現象的意識が無用だという直観を生み出す一因となっている（一方、物理世界の因果的閉鎖性テーゼは現象的意識の無用性の主張の理論的根拠である）。考えてみよう。

自然を眺めるとき私は実践的意図をもたない。そのとき意識はただ世界を眺めるだけの非実践的なあり方をとっている。欲求も感情も、私を駆り立てることはない。哲学的反省とはまさにこういったものである。哲学者も普段は実践的に世界にかかわっているが、彼が世界とは何か、意識とは何か反省するとき、世界や意識はこの自然的世界とそれに向かいあう無為な意識として現れてくる。そのためこういう世界と意識のあり方が特権的なものとして位置づけられることになる。このような反省の場で意識は行動を生みはしない。しかしその際、意識に動かされなくても、行動自体は可能である。身体的実存の自立性ゆえ、行動は意識の意志的な介入なしでも自動的に生まれてくるかに見える。世界や自己に哲学的反省を向けているときも、とくに意識することなしで身体は湯飲みに手を伸ばしそれをすすったりできてしまう。身体的実存の自立性と並んで、自然的世界の非実践性が、行動に対する意識の不要性の直観的基盤をあたえているようである。

しかし自然的世界の非実践性はことがらの一面にすぎない。また色を例にとってみよう。色というクオリアは直接的に何らかの実践的意味をもたない剰余であるかのように思え、自然的世界の非実践性の典型的なものと見なされがちである。しかしたとえ色が最初は実践に中立的なものであったとしても、動物が赤い色のリンゴが甘く、緑ならまだ酸っぱいということをいったん体験すれば、のちにその色を手がかりに、迷わず食べ頃のリンゴを摘むことができるようになる。たとえそれ自身としては実践的意味をもたなくても、学習等により実践的な意味をもたせ、実践のなかで活用することができる。このような利用を考慮するなら、自然的世界も実践的な有用性をもつ。ただ、それが直接利用される有用性なのではなく、学習によって利用されるなどの、二次利用による有用性だという点が違うだけである。

しかしふだん二次利用されて、人間的世界の中に組み込まれている自然的世界は、哲学者の実践を離れた反省の目に対しては、人間的意味を剝奪された自然的世界の元の姿で現れる。実践に無縁である（かのように見える）もの、それが自然的世界である。しかしそれはクオリアの半面にすぎない。そして自然以外の実践的意味を最初から備えもったクオリア——感情的性質や痛みなどの感じ——が実践的意味をもつことは言うまでもない。

人間は自然に対し、学習された意味や記憶、さまざまな文脈的な意味を付与し、柔軟で創造的な行動類型を作りだすことができる。しかしそのためにも、知覚表象は記憶や思考等々、さまざまなものに開かれておらねばならない。また、新たなものに開かれるためにも、知覚は余分な意味を付与されていない方がよい。既成の意味をあたえられていると、それだけ新たに意味をあたえることが難しくなってしまうからである。人間は木の枝を遠くのものをとるための道具として見るだけでなく、それに別の用途（掃き掃除の道具）をあたえることもできる。しかしそのような多様な用途の可能性に開かれるためには、そのものはできるだけ生《なま》の形であたえられていることが望ましい。「自然的世界」とはそういう生《なま》の形であたえられ、それゆえ汎用性をもつ諸対象の世界である。こういう仕方で、自然的世界は直接実践的意味をもたないものの、実践に対して素材を提供しており、その意味で実践と無縁ではない。別の形で実践に備えているだけである。

＊　＊　＊

しかし「自然」に関してはいくつも疑問が生まれてくる。自然概念の検討を続けよう。

本節で二種あると判明したどちらの自然に関しても、知覚内容は人格的実存にあたえられているのに、それを知覚するための働きは身体的実存の管轄である。しかし両実存は自然知覚においてそれぞれ独自に自らの仕事を果たすだけとも思えない。両者はどう関係しあいひとつの自然知覚を成りたたせているのか。

とりわけ第一の自然——形而上学的な関心が浮かび上がらせる自然——についてこの疑問を展開してゆくなら、次のように問えるだろう。人格的実存が自然を見るべく努めることで自然が見えてくるのなら、人格的実存が身体的実存に指令を出し、それに従って身体が動いて自然の視覚を実現しているということなのだろうか。たしかに私が意志的に身体を動かすときはそういうものである。目的をあたえれば、身体があとはそれを実現すべく動いてくれる。しかしながら知覚の実態をよく考えてみると、知覚の際、人格的実存が出すはずの身体への指示は一度で済まない。目的にふさわしく当該の対象に焦点を合わせる。しかし合ったかどうかを確認するためのフィードバックが必要である。しかし人格的実存である私はうまく合ったかどうかぐらいはわかっても、焦点が近すぎるのか遠すぎるのかわからないし、視線の操り方もふさわしいかどうか知らない。私の知るのは最終的な結果ぐらいのものであり、目的にかなった身体作動がまだ実現されていないということはわかっても、どう調整すればよいのか皆目わからない。これでは人格的実存は十分な指示を送れない。指示は最初の目的の指示だけで、あとは身体に任せるしかできないのである。だとすると、人格的実存は身体的実存を指揮監督しているというより、最終目的をあたえるだけで、ほとんど任せきりにしているようである。

これは実は自然の視覚に限らず、目的ある身体活動一般に言えることである。私――人格的実存――は身体的実践を開始しようとスタートボタンを押すことはできる。そしてそれが順調に進んでいるか否かはわかる。しかし順調でないときに、どういう点が順調でないのか、その状態にどう対処しなければいけないか、意識的な私にはわからない。自転車に乗ってバランスを崩してふらついているとき、バランスが崩れたとはわかるが、どういう仕方でバランスを立て直せばいいのか、私は知らない。体だけがその答えを知り、私の知らぬ間に適切な対策を行ってくれる。私はハラハラしながらその経過を見守るだけである。このように考えられる限り、二実存の関係は片付くように思える。人格的実存は身体的実存に目的をあたえ、あとは身体的実存にその目的の実現を任せるのである。

しかし実は、これですべてうまく片付くわけではない。問題は残っている。直前には第一の自然の知覚を身体的実践との類比で議論したが、第一の自然の知覚と身体的実践のあいだで類比が成りたたない点もあるように思われる。そこに困難が姿を見せる。

自然へと抽象的な関心を向け、自然を見るのは人格的な私であった。自然がうまく見えていない――たとえば焦点が合っていない――のを知るのも当然、人格的実存としての私であろう。だから自然がうまく見えるように指示を出しうるのは私しかいないのではないだろうか。しかし人格的実存はフィードバックをしようにも、焦点合わせの不都合に関する細かな知識をもたないのである。

これと対照的に一般の身体作動の場合は、自転車のバランスの崩れは人格的実存というよりは身体的に感じ取られる。だから身体的実存が主体となって対策がとられてもおかしくない。つまり、知覚情報処理の主体のずれは、自然知覚に関してだけ生じているように思われる（実存的な意味の知覚についてもおなじずれが生じているが）。

現象学的にもこのずれは深刻に思われる。焦点が合っていないことはわかっても焦点が近すぎるのか遠すぎるのかまで人格的な私にはふつうわからない。したがって、人格的実存は自然の見えの不適切への対処策もわからない。だから身体的実存にその対処を委ねるしかないように思われるが、一方で自然の見えを知りたいと思い、実際それを知る主体は人格的実存なのだから、自然の見えの不適切を知り、不適切への対応を身体に指令できるのもこの人格的実存でしかないはずである。しかし実際にはそういう知識を人格的実存は欠いている。この事態をどう説明すればよいのだろうか。

もしかすると人格的実存は試行錯誤を命じると考えればよいのだろうか。焦点が遠すぎるか近すぎるかふたつにひとつなのだから、それぞれの対策をひとつずつ順にとってみれば、すぐに適切な対策がどちらかわかる、と。しかし実際そういう迂遠な試行錯誤がとられているとは思えない。われわれの体験では、ぼやけていた焦点は一気に鮮明化し、試行錯誤をしている様子はない。遠すぎるか近すぎるか把握した上で対処されているのであろう。対象を視覚が素早くとらえる技術は動物が生きのびるための基本であり、こういう対応が即座にできないと動物的生は危うくなる。

自然をめぐる二実存の関係に関する問いに答え、動物の意識としての意識観を説得的に描きだすためには、両実存の関係を明確化し、そこに意識を位置付ける必要があろう。次節では、メルロ＝ポンティを離れて、彼の時代には知られていなかった脳神経科学の知見を援用することで、この問題への解答を探る。同時により広い見地から彼の二実存説のとらえなおしを図りたい。

【八・三】視覚のふたつの経路

メルロ＝ポンティの死後に、大きな神経科学的発見がなされた。視覚情報処理の物質的基盤として、背側経路・腹側経路が見いだされたのである（L. G. Ungerleider & M. Mishkin 1982, pp. 549-586.）。この知見は、メルロ＝ポンティの二実存説を補うものとして考えると非常に興味深い。背側経路・腹側経路の二経路説はあくまで視覚情報処理に関するものであり、二実存説よりカバーする範囲がずっと狭く、この点はかなり割り引いて考えなければならないとはいえ、前節で見た、自然に関する両実存のかかわり方の不明瞭さも、この二経路説で考え直すと氷解する点があるのである。

以下ではこの二経路説を神経科学者M・グッデイルとD・ミルナーの『もうひとつの視覚』（M. Goodale & D. Milner 2004.）によって紹介する。そこでは二経路説は盲視という現象の説明と関連させながら説明されるので、まず盲視から話を始めたい。

盲視については二章二節でも簡単に触れたが、あらためて説明しておこう。脳に障害を受けた患者の一部に奇妙な症状が現れる。患者は目が見えないと訴える。視覚意識を欠いているのである。しかしながら患者を歩かせてみると、手で触れて避けているわけでもないのに、途中にある障害物を避けながら歩くことができる。患者には見えているという自覚がないから、自覚にもとづく「そこにある障害物を避けよう」という意志形成もない。しかし何らかの意味で「見えて」いるから障害物を避けることができたのであろう。盲状態でありながら視覚をもっているわけであり、「盲視」という名称がふさわしい事例である。

この事象は、現象的意識にもとづかずなされる行動のように思われる。この障害物回避を「行動」とのべたのは、それが、単なる機械的反射的行動にとどまらない——だから高次の脳の働きが介在していると推測される——ものだからである。盲視を現象的意識を介さない行動と見なす研究者も多い。もしそう言えるとすると、盲視はチャーマーズのいう心理学的意識だけによる行動の一例なのだろうか[22]。あるいはメルロ゠ポンティのいう身体的実存だけの働きなのだろうか。このように盲視現象は、意識の構造について考える手がかりになるため、意識を考察する上で特別の注目に値する。

グッデイルらの盲視の説明に移ろう。視覚情報の脳内処理は、大脳皮質の一次視覚野とよばれる部分に達したのち、ふたつの経路に分かれる。「腹側経路」と「背側経路」である。並行的な二経路で、情報処理をしているのである。グッデイルらによれば、その並行的経路はおなじ視覚情報をそれぞれ異なる目的のために使用する。並行経路でそういう分業がなされているのである。

腹側経路は、「知覚のための視覚」(SU, p. 45／六二頁)を担うという。知覚表象を作り出して、これを様々なほかの用途に使えるよう提供するのが役目である(SU, p. 45／六三頁)。記憶、思考、意志形成等々の用途である。視覚情報を意識し、見ているという自覚をもつことはこの経路に支えられており、盲視患者はここが損なわれているために、見ているという自覚が欠けてしまう（SU, p. 70／九六頁）。

一方、背側経路は視覚情報の「行為のための視覚」（SU, p. 46／六五頁）を担うという。身体活動の視覚的制御のためのものなのである。「行為のための視覚」は、単独では見ているという自覚と無縁である。つまり、意識の外で営まれ、行動を制御する視覚なのである。盲視の例のように、見ているという意識のないまま、視覚的に障害物の情報をえて、それを回避することができるのは、この背側経路が傷ついていないからである（SU, p. 71／九七頁）。知覚のための視覚が様々な用途に開かれた表象を形成するのに対し、行為のための視覚は固定された目的のために利用されるにとどまる。ポスト入れ課題に利用した視覚情報は、記憶されない（二章二節）。だから後からその視覚情報を利用することもできない。背側経路の情報は、そのときの行動に利用されるだけの孤立したものにとどまる。

腹側経路にもとづく知覚のための視覚は、情報の内容に注目すれば、対象の何にかかわる。対象が何であるかを同定するのは腹側経路の働きである（SU, p. 108／一五〇頁）。そのものがどういう位置にあるのかといったこととは無縁に、どこにあろうが、またどういう角度で現れようが、そのこととは関係なく、それが何かを同定する（SU, p. 52／七四頁）。刻々の変化のなかに恒常的なものの現れを見てとる（SU, p. 109／一五三頁）のである。一方、背側経路はおなじく情報の内容に注目すれば、対象のどこにかかわる。行為のための視覚は空間的位置を正確に、私の身体中心の観点から測ることで、ものに正確に手を伸ばしつかむというような行為の実現を可能にしている。このような点で、両経路は機能的分業を行っていると見なされる。

腹側経路と背側経路にそれぞれ「何」と「どこ」の認知を割り当てるのは広く共有されている見解だが、グッデイルらは前記のようにして、「何」と「どこ」の対をより広い文脈に位置づけ、説得的に説明しているといえよう。

＊　＊　＊

知覚のための視覚、行動のための視覚という区別を裏付ける実験として、錯視の実験があげられている（SU, pp. 85-89／一一七―一二四頁）。錯視では、たとえばある図形が客観的な大きさ以上に感じられる。その場合、被験者に言語的に報告させたなら、当然客観的な大きさ以上のものとして報告する。この錯視は意識化されるものであり、対象の汎用的な表象にかかわるものだから、グッデイルらの理論が正しければ腹側経路がかかわっていると予想される。

一方、その錯視を生み出した対象を眺めるだけでなく、それをつまむように被験者に指示する。一般にものをつまむとき、指はその対象の大きさにふさわしい開き方をするものである。大きなものをつまむときは大きく開く。だとすると実際より大きく見える錯視を起こしている対象をつまむとき、指も錯視に惑わされ、実際の大きさより大きく開くであろうか。そうでは<u>ない</u>。指は錯視に惑わされず、実際の大きさにふさわしい開き方になる。これは、背側経路が指の開き方をコントロールしているからである。背側経路は今この時点での行動のために視覚情報を利用する。目の前にある対象をつまむために客観的な大きさを正確に評価し、そのことでふさわしい指の開き方を可能にしているのである。

他方、腹側経路の知覚のための視覚は、対象の視覚情報を表象形成のために使う。その情報の用途は必ずしも現在この時点でのつまむという行動のために限られない。いくつかある対象の配置と大きさを比べて、一番大きなものを自分にくれと言うためかもしれない。そのためにはつまむことも必要ない。大きさの比較はそのものだけを見てなされるのでないため、そのものの客観的大きさだけに視覚情報を限定しない。周囲のものとの比較を行い、かえってそのことで錯視の罠《わな》にはまってしまうのである。

このようにグッデイルらは、腹側・背側の二経路に、「何」の把握と「どこ」の把握という広く受けいれられている機能だけではなく、「知覚のための視覚」「行動のための視覚」という、「何」と「どこ」の根本にある、より本質的な機能を割りあてるのである。

この二経路説は、現在の生物における機能差において裏付けられるだけでない。二経路説に対する脊椎動物の進化史的観点からの裏付けもある。グッデイルらはカエルの視覚がモジュール的であることを指摘する。「カエルが獲物を捕るときに使う視覚運動制御モジュールは、行く手を遮っていることが見えている障害物を迂回するときに使う視覚運動モジュールとは別」(SU, p. 41／五七―五八頁)なのである。汎用的な視覚があって、それを利用して障害物を見つけたり獲物を捕らえたりしているのではない。この事実は「すべての行動は全般的(general)な目的を扱う単一の表象によってコントロールされているという広く行きわたっている考えを反駁している」(SU, p. 44／六二頁)。ここから彼らは次のように推論する。「視覚は有機体が世界を『見る』ための単一のシステムとして進化したのではないようである。そうではなく、相対的にそれぞれ独立した視覚運動モジュールが、拡張してゆく（expanding）集合を形成したもののように思われる」（同所）。これが背側経路である。

これに対し腹側経路は表象を作り出し、それを意識する。表象は多様な目的に利用される点で、右記のモジュールとは異なっている。こういった表象産出メカニズムは進化的に最近のものだという（SU, p. 45／六三頁）。私は前節まで自然についてたびたび語ってきたが、色の例で見たように、自然とはまさにこういう汎用的な仕方で利用される表象が映し出す世界の姿だといってよい。自然には多様な意味が付与されうる。

また、表象化されたものは、記憶や思考において利用されうる。これも一種の「汎用性」といえよう。これは前段落とは別のタイプの「汎用性」であるが、知覚表象が記憶表象や思考表象になるという意味で、これも表象の性格をこえた「汎用性」だと評価できるであろう。なお、この種の汎用性は自然表象のみならず、実践的表象など表象一般に妥当する。[23]

本書第一部の私の議論によれば、動物の意識として意識は多様な情報をえなければならず、その諸情報の総合の場こそ意識だと考えるべきである（二章二節）。今確認したことはこの議論と符合する。多様な情報を総合整序し利用できる場が意識であり、その意識に、諸表象は汎用的な素材としてあたえられ利用される。腹側経路はそういう意識の基質的基盤であると考えられる。

ただし、このグッデイルらの議論は、必ずしも定説というわけではないようである。また、背側経路が意識にかかわらないという点についても、異論がないわけではないようである。[24] 一章で検討したチャーマーズは、盲視が現象的意識欠如と認めると彼の提唱する「構造的整合性原則」に反することになるので、それを認めようとしない（CM, pp. 226-227／二八二―二八三頁）。ただチャーマーズの議論は、盲視が現象的意識欠如と限らないという否定的議論にとどまり、盲視で現象的意識があると示しているわけでない。M・タイも同様に、現象的意識欠如が証明できていないと批判するだけである（M. Tye 1996, p. 291.）。N・ブロックは、現象的意識、心理学的意識という概念を提起した学者だといってよいが（ブロックの呼び方はこれとは違うが、おなじものを想定している）、そのブロックも、盲視患者の成功した行動を心理学的意識の働きと認めない（N. Block 1995, p. 232.）。ただこれは彼が戦略的にとる定義であって（同所）、そもそも定義に関しては間違いも正解も語れない。

私は視覚情報の二経路説と、それにもとづくグッデイルらの盲視の説明を受けいれたい。それは彼らの議論が実証的裏付けをもち、直前に見たようにこの議論に対する積極的な否定も見当たらないことからである。好都合なことにこの議論は、心的活動についての意識の関連の有無に関する私の考えに対し、裏付けをあたえてくれるものである。

＊　＊　＊

ところでこの二経路説は、メルロ＝ポンティの二実存説とどう関係づけられるだろうか。

どちらの説でも諸機能がまとまりをなしていて、それがふたつある。その点はチャーマーズの現象的意識、心理学的意識の対とは対照的である。チャーマーズの語る対は、ひとつの機能群の二側面であるから。ただ、二経路説はあくまで視覚情報処理についてであり、メルロ＝ポンティの二実存説のようにひとの活動全般をカバーしているわけではない。他方、二経路説が物質的な基盤について、それぞれの差異まで語っているのに対し、二実存説では物質的な基盤への言及はない。しかし両説の言及する機能はかなり重なりあっている。腹側系の意識的な視覚情報処理は人格的実存の管轄範囲に含まれ、背側系の無意識の視覚情報処理は身体的実存の管轄範囲に含まれる。

このような腹側経路と人格的実存、背側経路と身体的実存の重なりは、二経路をほかの仕方で性格付ける場合でも確認できる。二経路が担う、行動のための視覚、知覚のための視覚という機能差についてまず見よう。

前者について言えば、行動は身体的実存の管轄であり、行動の指令、調整は身体的実存の管轄である。行動のための視覚情報処理は背側経路で担われているから、身体的実存がカバーするはずの仕事を背側経路が担っていると言える。

ただ、身体的実存は人格的実存とおなじく実存である。人格的実存と同様に実践的な意味を理解し、意味ある行動を実現するがゆえに「実存」と呼ばれる。そして身体的実存の機能原理について、人格的実存と特段の差は想定されていない。しかしこれでよいか疑問もある。ひとつひとつの筋肉など身体の細部の運動をコントロールするのが、実存でよいのかという疑問である。世界を生きる主体としての実存が、そのために身体細部を客観的に把握していて、それをどう動かすか指令を出しているとは考えにくい。つまり、身体細部のコントロールと実存との間には大きな隔たりがあり、メルロ＝ポンティもその架橋を果たすような原理なりメカニズムなりを提示できていたわけではないのである。

むしろ彼がなしたのは、身体的実存という先行層への「先送り」だったと言えるかもしれない。意識による身体制御という難問が人格的実存から身体的実存へと先送りされただけで、そっくりそこに残されている。この点については本章六節でとりあげなおすこととする。

これに対し、グッデイルらの説では、背側経路によるコントロールは腹側経路とは異なる作動原理をもつ。背側経路では空間内の客観的な位置関係の把握にもとづき身体作動を実現するというのであり、意識とは異なる原理にもとづく対象把握を実現できる。視覚情報処理に関しては、このような把握が身体作動にとってふさわしい情報であると言える。二実存説のように、意識層と同じ原理で動くもの（実存）が身体細部を操るという形ではなく、背側経路では視覚情報も最初から客観的なので、客観的空間情報で客観的身体を操ることとなる。この場合、実存と身体細部との間ほど大きな隔たりはなく、媒介は相対的に容易といえるかもしれない。

知覚のための視覚についてはどうか。前節で見たように、自然の知覚に関して知覚の焦点合わせなど身体的操作は身体的実存によるのであったが、知覚内容は人格的実存に意識されるものと考えるべきであった。腹側経路が処理するという知覚のための視覚情報は、最終的に意識的な表象となるものであり、それはメルロ゠ポンティの言う人格的実存のかかわるはずのものである。そういう意味で、腹側経路が人格的実存と重なるという基本はここでも維持されている。両説の説明しようとする事態はおなじであり、説明も重なる部分が多い。

こうして、二経路はほぼ二実存に重ねあわせて理解できる。少なくとも視覚情報処理に限っては、腹側、背側の両経路はそれぞれ人格的実存、身体的実存の神経基質であるとも言えそうである。もちろん、腹側経路が担うとされた意識についても、人格的実存が意識の座であると言えるので、対応が成りたつ。

もう少し細かく見てゆきたい。「自然」とは世界そのものであった。私のそのつどの実存的かかわりを離れ、それとは無縁な客観的なもののあり方である。これだと一見背側経路の視覚情報処理に親縁性がありそうにも思えるかもしれない。背側経路の情報処理は、ものの意味よりも空間内の位置や形態を重視する。その意味で実存的な意味性とは無縁の客観的な空間的配置と構造が表されているようにも思える。だがやはり自然は背側経路経由の情報とは異質である。というのも自然とは、そのつど異なる実存的意味をこえた世界のあり方を示すが、それはそのつどの実存的意味をこえた汎用性を目的とする。これは腹側経路の情報が、汎用性を目的とする表象作成を目指すものだという点と符合する。

たしかに背側経路の視覚情報も空間内の位置や形態にかかわるが、グッデイルらに言わせれば背側経路のかかわるのはその自己中心的な位置、形態である。ここでいう「自己中心的」とは、私の身体からの距離、私の身体からの見えというようなものであって、身体的行動——ものをつかむとか、障害物を避けるとか——においてはこういう私の身体を中心とした位置関係や現出が決定的である。一方、腹側経路は自己中心的ではなく、「客観的」で、私と対象との関係でなくむしろ対象間の関係を表すような表象を形成するためのものである。自然が目指しているのは自己中心的な行動のための空間表出でなく、汎用性のための客観的な空間表出である。

そのことは次のようなわれわれの日常的体験で明らかではなかろうか。想起表象はもとは腹側経路の意識表象が記憶され、想起されたものであるが、その腹側経路由来の想起表象は私にそれが手の届くところのものであるかもっと遠くのものであるか、教えてくれない。身体行動の手がかりを欠いているのだ。想起表象はただその表象内に何《ヽ》が《ヽ》あったか、そして当該の表象内の諸対象間の大まかな位置関係などを教えてくれるだけである。身体的働きかけにとって核心的な、私を中心とするそのものへの距離が表象には欠けている。自己中心的距離を視覚的にとらえるのは腹側経路でなく背側経路だからである。こう考えると、自然を視覚的にとらえるのはやはり人格的実存＝腹側経路と見なして問題ない。

自然表象ならざる実践的意味をもつ表象（道具としての意味をもつ表象）についてはどうか。実践的表象は背側経路の「自己中心的」な空間表出とはほど遠く、ものの実践的意味はそのものの「何」にかかわるものであり、腹側経路の管轄と考えられる。このようにほかの表象についてもそれにかかわるのは人格的実存＝腹側経路と見なしうる。

さて、二経路が少なくとも視覚においては二実存と重なるものだと示せたが、二実存と二経路がともにとるとされる分業体制については同様と認めることができるだろうか。二経路の分業体制の理由についてグッデイルらは、知覚のための視覚と行動のための視覚とでは目的が違うため、情報処理の仕方が別々でなければならなかったからだと説明する（SU, p. 73／九九頁）。「知覚と行動とでは要求される計算が違うということが、おそらく視覚的脳の進化の主たる駆動力だったのである」（SU, p. 76／一〇四頁）。

行動のための知覚には自己（身体）中心の準拠枠が必要であった（SU, p. 82／一一二頁）。一方、知覚のための知覚では何であるかを認識することが目的であり、そのための表象形成がなされる。自己中心準拠枠は不要で、光景のなかのほかのものとの関係を知る相対的な関係認識で十分であり、「光景にもとづく準拠枠」が用いられているという（同所）。こういった情報処理の違いのため、もとあった行動のための視覚に加えて知覚のための視覚を進化が生んだとき、背側経路とは別の経路を必要としたのであろう。

分業の理由に関するメルロ＝ポンティの議論とは異なる点がある。メルロ＝ポンティの主張では、分業は人格的実存成立のための体制であり、人格的実存が身体作動のコントロールまで過大な負担を負わせられないよう、負担軽減のための身体管理作業の切り離しが想定されている。一方、機能の質的な差を認めるグッデイルらでは、機能差があるのは当然のことだが、機能を担う物質的基盤にあたる神経部位の差も、機能の差ゆえ同一の神経部位に担わせられなかったという理由付けである。

両分業体制の比較については、それぞれのカバーする範囲が違ううえ、メルロ＝ポンティの分類で視覚にしぼった詳細な議論はないので、難しい。そこで、本書の中心的テーマである意識に関連する範囲に限定して検討することにしよう。意識は二実存説では人格的実存、二経路説では腹側経路という、対のうちの一方だけにかかわるものとされる。これだけ見れば先述の二実存・二経路の対応図式をみたしており、何の問題もないように見える。しかし、先述のように、意識のかかわりの必然に関する説明が異なる。

まず二経路説の説明を検討しよう。『もうひとつの視覚』はテニスの例を挙げて説明する（SU, p. 109／一五二―一五三頁）。外界に関する意識的な視覚体験は腹側経路の産物だとされる。一方、網膜上のボール像の一定率での拡大はボールの接近とその速度を教え、そこから背側経路はいつラケットを振りはじめればよいのか判断する。しかしこのボール像の拡大率は現象的意識にのぼってくることはない。そういうことは網膜に映っているから、意識にまったく無縁というわけではないだろう。しかし「一定率の拡大」とか、それがどの大きさまで来たらラケットを振るべきときかというようなことは、意識の関知することではないのである。腹側経路と意識の役目は別のところにある。コートを動き回るときに目に入ってくるネットの像は大きく変化するが、その変化する現れのなかに、恒常的なものとしてのネットを見てとる。このような仕方で両経路はそれぞれに働いている。

そしてこの際に背側経路の処理する視覚情報（刻々変化するネットの姿）が意識にのぼらない理由については、もし意識してしまうようだと「世界はあなたが動き回るにしたがって対象の大きさや形が変わってしまうような、無関係で相互関連を欠いた諸経験になってしまい、それはあたかもあなたを混乱させる（bewildering）万華鏡のようなものである」（同所）と述べられる（傍点は佐藤）。テニスの際に意識が優先すべきは、背側経路の処理するような情報ではなく、外界を理解することであり、そのために「必要なのは、持続する知覚の恒常性」（SU, p. 109／一五三頁）だという。

しかしながら私見では、この説明が妥当するのは視覚情報処理が同時に両経路でなされるような場合だけである。だがつねに両経路が同時に働くと限らない。たとえば単純な機械的手作業をしているとき、視覚はもっぱら行動のために使われるが、その際同時に「知覚のための視覚」も形成される。しかし後者は作業の役に立つことはない。私はぼんやりと放心状態で作業にふけり、目を頼りに作業は行われていても、何が見えていたのか大して記憶にも残らない。もっぱら背側経路だけが機能しているこのようなとき、背側経路の作業とはいえそれに意識がかかわってはならないのか。あるいはそもそも両方に同時に意識がかかわってはならないのか。意識がかかわることの明確なメリットはある。それは合理的で個々の状況に応じた柔軟な対応ができることである。先に見たようにグッデイルらは意識がかかわることの難点として、背側経路にも同時にかかわるなら世界は「無関係で相互関連を欠いた諸経験」になり、「あなたを混乱させる」と指摘する（前掲）が、これも意識がかかわることを禁じなければ回避できないものではなかろう。

背側経路固有の視覚情報が腹側経路の意識にのぼって来た場合に考えられる問題点として、腹側経路が求める種類の情報と異なるため、その情報を処理しようとしてもうまく処理できないということがあるだろう。それは無駄な情報であり「当惑させる」（bewildering）効果をもつだろう。しかしこのことだけでは直接の害を及ぼすものではない。害を及ぼすとすれば、処理できない背側経路情報を処理できる腹側経路情報と混同して、腹側経路と同様の仕方で処理しようとすることだろうか。つまり両者の混同が「混乱させる」（bewildering）効果をもつのである。ただこの混同による混乱も、意識が両経路でなされる別々の作業をはっきり区別さえしていれば回避できるのではないか。たとえば想起と知覚はおなじ意識内に現れ、もし両者を混同してしまうと大きな支障が生じるだろうが、実際には明確に区別でき混同することはない（本書二章でこのような総合しつつ秩序づける働きこそ意識の主要な機能のひとつだと論じた）。こう考えると、「当惑」ないし「混乱」が起こる危惧は意識が背側経路の働きにかかわらない決定的な理由とも思えないのである。

これに対し、前節で検討したメルロ＝ポンティの二実存説によると、身体的な事柄に意識が介入しないのは人格的実存が固有の仕事に専念するためには、ほかでもできる仕事をほかに委ねないと固有の仕事の遂行に差し支えるからであった。

メルロ゠ポンティのように考えると、意識が両経路にかかわらない理由もうまく説明できそうである。つまり、背側経路が担っている仕事は必ずしも意識を必要としないような性格のものであるが、それにまで意識がかかわると、意識は固有の仕事にかかわる余裕がなくなってしまう。こういう理由である。

グッデイルらの分業の理由はそれほど説得力がないのに対し、メルロ゠ポンティの指摘する意識の容量オーバーは簡単に防げると思えない。日常を振り返っても容易に気づくが、われわれは意識的になされなければならない課題をいくつも並行して成し遂げようとすると、必ずどれか、あるいはすべてがおろそかになる。意識の容量はそれほど大きなものではないのであろう。この点では、メルロ゠ポンティの議論の方が説得力がある。ただし、これは二経路説にとって何らかの反証になるようなことがらではない。二経路説を維持しながら、その分業に関し、メルロ゠ポンティのような説明をとることは可能であるし、そうすべきなのであろう。

【八・四】二経路説と意識論

二経路説をふまえて、第一部で見た議論を振り返ってみたい。五点検討する。

まず、一章一節で見たリベットの実験をどう考えなおすべきであろうか。リベットは、ある刺激を受けた脳の活性化が〇・五秒以上継続しなければ、その刺激は無意識にとどまると考えた。しかしながら意識化以前に無意識のうちですでにその刺激に対する反応が開始されていることもある。リベットはここから意識の無用性を説いていた。意識はせいぜい行動出力以前の拒否権をもつにとどまるというのだった。

リベットのいう意識化以前の無意識も、二経路説なら背側経路の情報処理とおなじと考えられるだろう（ただし視覚情報処理の場合）。背側経路の情報処理とそれにもとづく行動出力が、腹側経路の意識化に先行して始まっていたとしても不思議はない。スポーツの最中、私の体は意志形成以前に勝手に動くことがある。ただこういった無意識の行動は、二経路説によれば通常の意志形成とは別のレベルであり、リベットの考えるように私の下す判断のすべてが、判断の意識化以前にすでに実行に移されているというようなものではない。私が空模様を眺めながら今日外出するかどうかを決めるときには、腹側経路＝人格的実存だけが働いており、この決定に無意識の「判断」など先行していない。

一章一節で私は、リベットの実験の無意識の「意志決定」が、実は「意志決定」の名に値するほどのものではないと述べた。彼の実験で「意志決定」を表すと見なされているものは単なるタイミング決定にとどまることを指摘し、彼が無意識の意志決定の先行を主張する議論を批判した。この批判は正しいと思うが、ここに至ってもっと広い見地からリベットに批判を向けることができる。あらかじめ決められた動作（手首をまげる）の命令を出すという簡単な動作出力は、視覚情報処理を管轄する背側経路の所掌《しよしよう》ではないだろうが、おそらく身体運動を管理する小脳を中心とした神経組織において遂行されているのであろう。意識の場、意志の場はそこことは別にある。ふつうの意味で「意志決定」と呼ばれうるような決定は意識の場においてなされている。実験者の指示通り手首をまげることにしようという決定は通常の意志の決定である。しかしその実行タイミング決定はそこではなく、小脳などの非意識的神経部分でなされる働き――これは現象的意識に対応物をもたぬから、心理学的意識の働きではない――であろう。そして多くの身体活動とおなじく、身体をどうしてそのタイミングで動かしたかという理由は意識にまったく分からないまま、タイミング決定したということだけが意識にのぼってくるのである。

リベットは意識的な精神活動と無意識的なそれとの間に質的な差異があるというようなことは想定しておらず、無意識は意識と同様で意識（現象的意識）だけを欠くもののように考えている（MT, pp. 100-101／一一六―一一七頁）。しかしながらこれは誤りと言わざるをえない。

意識の無用性の主張については、リベットの論拠とは別に、本章一節でその主張の直観的論拠をひとつあげ、その主張に反論した。ここに至って二経路説をふまえてもうひとつの直観的論拠を検討することができるようになった。次にこの点を検討しよう。

一章四節で見たように、ロビンソンらは現象的意識は機能なき無用なもの（スパンドレル）だと主張していた。この主張の根拠に、ロビンソンらは「多くの心的機能が人間やほかの動物において無意識的に達成されている」（Z. Robinson et al. 2015, pp. 368-369.）ということをあげる[25]。盲視などの際の背側経路だけによる行動実現はまさにこの例をあたえるように思える（鈴木貴之、二〇一五年、三六頁）。現象的意識によらずに環境に適合した行動が実現できるのだとすれば、現象的意識など無用でなかろうか。

しかしながらこれには二経路説のなかで反論できる。たしかに背側経路は無意識的に身体活動を可能にしているが、もうひとつの腹側経路は、現象的意識を介する経路であり、そこで現象は行動のために役立っている（ただし腹側経路ではつねに意識化された行動が生み出されるというわけではなく、「無意識的」行動も見られるが（SU, pp. 113-114／一五八―一六〇頁））。たしかに腹側経路は先に見たように直接行動に役立つというより、腹側経路が表象を形成し、その表象が思考や記憶、意志形成等の利用に供されるという形で、ある意味間接的に行動に貢献する。ロビンソンらの、現象的意識は無用だという嫌疑は、こうして晴らせる。

第三に、現象的意識と心理学的意識はそれぞれふたつの経路にどうかかわるのか整理しておこう。大まかに言えば腹側経路で営まれる意識的な視覚情報にもとづく活動は、意識的なので現象的意識に現れるが、その機能について心理学的意識の活動と見なされる。一方、無意識の視覚情報にもとづく活動は背側経路で営まれるが、これは現象的意識と無縁であるため、心理学的意識にもかかわらない活動と見なされる。

第四に、二章二節の条件反射の議論において問題となった、「どうしてエピソード記憶は現象的意識を必要とするのか」という疑問について二経路説をふまえて見直してみたい。

無意識の心的活動はエピソード記憶には残らない。二章二節では、意識の総合整序の働きがないとエピソード記憶の想起内容をきちんと記憶として認識できず、知覚と混同するなどの弊害を避けられないからだという理由を述べた。それが誤りというわけではないが、今やこの疑問に別の方向からの答えも示せる。

『もうひとつの視覚』は、背側経路の運動のための視覚情報は記憶しても価値がない情報だと指摘している(SU, p. 77／一〇五頁)。われわれはつねに運動しているし、背側経路の視覚情報は運動のためのものなので、何秒か前の視覚情報はもう役に立たない。だとすれば、こういう情報をエピソード記憶に残しても役に立たないだろう。これに対し意識のかかわる腹側経路の「知覚のための視覚」では、恒常的な世界の視覚情報を処理するものであるから、それを記憶することは十分有益である。記憶しても役に立たないから記憶から切り離されているのが背側経路である。二章二節で述べた理由とは異なるが、二経路説は記憶と意識のかかわりについて、説得的な理由付けを示してくれている。おそらくそのふたつのいずれもが、理由としてかかわっているのであろう。

最後に、二章四節での議論との整合性について検討しておこう。そこで私は、現象的意識の必要性について語る一環として、視知覚や触知覚の例を挙げた。触知において、現象的意識に現れる触覚内容を明確にするために、あるいはその手触りをより楽しむために、手の動かし方の調整が行われており、それは現象的意識内容に焦点を合わせているから心理学的意識単独では行えないだろうというものである。これはさらに現象的意識が無用のものでないということのひとつの論拠ともなっていた。

しかしながらグッデイルらの二経路説をふまえて考え直すなら、視覚的、触覚的意識内容の明確化は本章二節末の視覚上の焦点合わせと重なるように思える。視覚上の焦点合わせにおいては、無意識の背側経路が焦点合わせのために働き、意識的な腹側経路はその成果としての鮮明な視覚を受けとるだけで、焦点合わせのために役目を果たしていないのであった。だとすると二章四節の視知覚、触知覚の例でもおなじことが言えるのではないか。つまり触覚内容の明瞭化や享受のために働くのは無意識の背側経路であり、腹側経路ではないのではないか。

触覚について同様の情報処理がなされているという証拠はないので、視覚に限って論じよう。二章での中心問題は現象的意識が機能を果たしているのかという点であった。グッデイルらの言うように背側経路が焦点合わせを担っているとすれば、たしかに腹側の視覚意識は焦点合わせに役割を果たさないこともある。しかしたとえば目に心地よい景色が見えているからもっとはっきり見たい、というような欲求にしたがって焦点合わせが起こる場合はどうか。この欲求は、現象的意識内容にもとづいて起こるものと考えざるをえない。現象的意識は焦点合わせを命ずるという下向きの因果でひとつの役割を果たしているのである（現象的意識自身がこの役割を果たすのでなく、現象的意識への現れを元に心理学的意識が働くということだろうが）。こう考えれば現象的意識に役割を認めた二章での議論と二経路説とのあいだに特に矛盾する点は見いだせない。なお、この例では現象的意識の働きが特殊すぎ、現象的意識が機能をもつことの論拠としては弱いというのなら、記憶や思考にもとづいた注視などの例を考えてみればよかろう。

＊　＊　＊

さて、ここで本章二節末に掲げたメルロ＝ポンティの議論の問題点に立ち戻りたい。自然の知覚において、自然を意識するのは人格的実存であるけれども、知覚という行為のために身体を調整制御するのは身体的実存であった。したがって自然の見え方が明確でなければ身体的実存に指示して身体的調整を行うということになりそうである。しかしながら人格的実存には、見えが明確でないということぐらいはわかっても、どこがどう不明確で、どういう対処が必要かというところまではわからない。したがって身体的実存に適切な指示をあたえることができないはずである。一方身体的実存も、自然そのものを見ていないのだから、自らの判断で適切な調整を加えることができないはずである。人格的実存が手探りの指令を出し、適切な見えがえられるまで試行錯誤するのでもない。調整はただちにためらいなくなされる。手探りの調整がなされているわけではないのである。両実存はこの際どう働きあっているのかが問題であった。

グッデイルらの説にもとづくなら、この問題は片付きそうである。腹側、背側の両経路は並行的に視覚情報を処理している。対象が自然であれ何であれ、意識だけが情報を独占して、身体に指令するわけではない。だから自然についての視覚で焦点がうまく合っておらずぼんやりした視像しか見えてこない場合、腹側経路＝人格的実存ではぼんやりしているということぐらいしかわからず、焦点が近すぎるのか遠すぎるのかわからなくても支障はない。背側経路＝身体的実存は並行して視覚情報をあたえられており、独自の情報処理によりその焦点のずれを適切に判断し、すばやく焦点合わせできる。その結果、腹側経路は自ら何も指示していないけれども、焦点合わせの結果としての明確な視像を享受できる。これで本章二節の疑問のひとつが解消できる。並行処理という観点が二経路説の大きな成果である。

＊　＊　＊

自然表象を含む知覚表象は汎用的な用途のためのものであるということが、グッデイルらの研究でも裏付けられた。視覚は汎用的情報を伝え、表象化されてさまざまな文脈で活用される。現在の思考にもとづく判断に利用されたり、記憶されてのちのちの利用に供されたりする。つまり、意識（現象的意識）はこの自然の視覚において、総合的な現前の場としての役割を果たす。そこに汎用的に利用できる情報が集まる。現象的意識には知覚や記憶の想起のほかに、欲望や感情、快不快などの内的な感じが現れ、また今展開中の思考が内省的に表象されもする。それら現象的意識に現れた表象が、意志形成その他のために利用される（これは心理学的意識の働きである）。現象的意識に集まる情報は、背側経路が利用するような、その出力にしか使えない情報ではなく、さまざまな機能が利用する。

二経路説において視覚の腹側経路に意識の座があることが確認されたが、このような事情は触覚や聴覚など、ほかの感覚にも共通するものなのだろうか、本節最後に考えておきたい。たとえば触覚処理の経路も二経路に分かれていて、一方は意識がかかわり、他方は意識がかかわらないというようになっているのだろうか。

実験的な確証があるのか私は知らない。視覚における盲視のような、決定的な事実は聞いたことがない。したがって単なる憶測になってしまうが、視覚の経路に意識の唯一の座があるのではないかと私は考えている。というのは、メルロ＝ポンティが『知覚の現象学』のなかで視覚と思考などの高次意識とのつながりについて――簡単な叙述にとどまるが――語っており、それがこの場合にも応用できるように思われるからである。

彼は先述の脳損傷患者シュナイダーの症例を例に、視覚機能にかかわる脳部位が損傷することで、それに基礎づけられた思考の能力が損なわれるのだと述べる（PP, pp. 147-148）。思考は「同時に総体を把握する能力」（PP, p. 147）をもつが、それは視覚に「基礎づけ」（Fundierung）されているから可能になっているのだという。視覚とは同時並行的に多くのものをとらえることができる点が特徴的な知覚能力である。もちろんすべてを一挙にとらえるだけでなく、空間的全体のなかにすべてを秩序づける必要もある。視覚において、遠近、上下、注意中心とその外、等々、さまざまな形で全体は秩序づけられているが、空間的秩序づけなしでは個々の視対象を全体のなかに収めることもできない。こういったすべての概括と秩序づけの能力を特徴とするのが視覚である。こういう視覚に「基礎づけ」られて、思考の同時並行的把握能力が実現されているという。「基礎づけ」とは現象学の基本概念であるが、基礎づけられる上層のものが基層のものを前提としつつも、その基層に因果的に完全に拘束されてしまうのでなく、独自の新たな秩序を実現することである。まず視覚における具体的な視表象の総覧の能力があって、思考はそれを利用することで、思考特有の抽象的な表象の並行把握の能力を得た、というようなことが考えられているのだろう。メルロ＝ポンティはこのように思考が視覚という事実的にあたえられたものを利用しつつ自らを創造してゆく過程に、先述（本章一節）の実存の創造的な働きを見てとるのである（PP, p. 148）。

さて、思考の「同時に総体を把握する能力」とは、本書で私が意識の核心的機能と見なしていた「総合整序」の能力と同じものと考えられる。思考についても視覚と同様、単に並列するだけではない。並列する諸要素を関係づけ、整序せねばならない。時間的・空間的整序や因果関係などの秩序づけがなされる。だとすると、視覚的な総覧の能力が意識の総合能力を基礎づけ、それへと昇華されたということは——たしかに大胆な推測ではあるが——ありえない話ではない。視覚こそ意識の母であり、思考の母なのであろう。

そしてもしそうだとすると、視覚情報処理経路において意識との連関が見いだされたというのは偶然ではない。まさに視覚にもとづいて意識が生まれたから、視覚情報処理経路と密接に結びついているのである。聴覚などほかの知覚情報処理においては、おそらくこの視覚経路の意識と進化史的にあとから結びつくような形で意識化されたのであろう。だとすれば今後聴覚においても嗅覚においても視覚類似のふたつの情報処理経路が見いだされるだろうなどという予想は裏切られることだろう。万が一そういう複数の意識のようなものが発生しても、総合性を欠いたこれらは「意識」の名にふさわしくない。実際はほかの感覚からの情報は進化史的にあとから視覚経路の意識に集約されるようになったと推測できる。

【八・五】意識の分業と並行活動

人格的実存・身体的実存の二実存、腹側経路・背側経路の二経路、ともに分業的な機能構成をもっている。しかしながら、意識がむすびつく人格的実存および腹側経路も動物的な活動を下位に委ねてそういう活動から完全に解放されているわけではない。事態はもっと複雑である。メルロ＝ポンティやグッデイルらがこのことを叙述しているわけではないが、本節では、私見にもとづいて議論を続けてゆこう。

前記の分業は大まかに言えば意識と無意識の分業と見なしうる。意識と無意識の分業は実のところどうなっているのか。無意識を背側経路や身体的実存に限定せず、さらに広く考えてみたい。無意識の活動の例として、瞬目反射をとりあげてみよう。これは物体が急に近づいてくるのを見たときなど、まぶたが閉じる反射行動である。この反射には大脳皮質の直接の関与はないので（安原昭博、一九九一年、七九頁）、もちろん意識がかかわらないし、大脳皮質の背側経路の関与するものでもない。無意識の対応のひとつである。

瞬目反射が起こるとき、無意識の反射の一方で、意識の水準では、物体の接近が意識され、恐怖心を引きおこし、回避行動をとるというような反応が生じる。恐怖を感じるときに目を閉じるのはふつうの事柄である。恐怖の感情はもちろん意識（現象的意識）に現れる。つまり無意識の層と並行して、意識の層でも、（心理学的意識において）同じ事態への対応がなされている（意識的に目を閉じようとすることもふくめ）わけである。本章一節で紹介したメルロ＝ポンティの見解によれば、意識だけしかかかわれない作業に意識が専念するために、意識がかかわることが不可欠と言えない作業はそこから切り離されたという。しかし本章三節で見た二経路説が正しいなら、実際はそれほど単純でないのかもしれない。意識と無意識の分業はあるものの、両方で並行的に対応がなされる。物体の接近に無意識の瞬目反射だけでなく、意識のレベルでも同様の対応がなされている。この並行性をどう理解すればよいか。

ふつうに考えるなら、意識がかかわることで一層合理的な活動が実現できる。無意識の反応は敏速で不可欠のものだが、それに加えて、意識がかかわるなら、多少速度の面で遅れをとっても、合理的な活動が可能である。物体が急に近づいてくるときは、もしかすると身の危険を意味するものであるかもしれないから、無意識の反応に任せたままにしておけない。意識が無意識の判断に修正や追加の対応をとるのは重要な課題といえる。

しかしそうはいっても、意識と無意識で同様な情報処理を並行して行うのは、基本的には無駄なことではないだろうか。両者が機能を重複なく分担した方が、その余力を別なところに振り向けることもできるし、効果的ではなかろうか。

私は重複した並行活動の意義はほかにまだあると思っている。私は、この重複した並行性には、無意識の活動から自立したことで意識が生物的な生存適合性を忘れて勝手に暴走してしまう危険を防止するという目的もあると考えている。

前章までの議論で、意志をもつことは意識が生存適合性をもつための必要条件だと言えた。意識は意志をもちそれを行使できる。しかしながら意志をもつ意識が、もし生物的な必要性を認識しなくなると、生物的必要性から離れて意志を行使し、生存適合性に背く行動をしてしまうかもしれない。思考が暴走し、生命維持に逆行する行動へと赴かせるかもしれない。こういった事態は絶対に避けられねばならない。その要請に応えて、感情は意識を生の維持の方向へ動機づける。感情だけでない。それに並んで欲求、痛みや身体的快感などは、生の維持の方向に意識を動機づける装置である。恐れや欲求を意識が感じることがなく、それらが意識にうながしている回避や探索を完全に無意識の働きに委ねてしまうなら、意識はまったく自由になってそれらの行動を忘れ、動物にとって利益に反する行動にふけろうとするかもしれない。意志が何の指針もなく、完全な自由において選択するなら、生にとって最適な選択肢を選ぶとは限らない。何が基本的に善なのか、悪なのか、生にとっての価値を意識に対して示しておかねばならない。

つまり、意志ある意識をもつことは諸刃《もろは》の剣《つるぎ》なのである。意識がすべてを意のままに自らの判断で動かすことは危険が大きすぎる。そのため、生は意識に手綱をかけて、生にとっての基本的価値を尊重させつつ、一方で意識特有の活動を行わせるという戦略をとっているのである。意識は記憶や思考などを参照し、個々の状況に応じた最適解を選ぶことができるようになる。場合によっては無意識の層がうながす行動に逆らっても、意識は自らの意志を通すこともあるだろう。しかしこれはある意味例外であって、意志は基本的な生命的価値を尊重することが必要なのである。その結果、意識は無意識の層と並行して、生の維持発展というおなじ実践的目的に向かうようになる。そのための仕組みとして、おなじような役割を果たす重複した並行経路が維持されるのである。

＊　＊　＊

しかしながら、意識が同時に生命的価値を尊重する指針をもたねばならないということは、意識の進化を考える上でさらなる問題を提起する。そういう指針をあたえるような機構が意識と同時に生まれなければ、意識は生にとって害をもたらしさえするのである。そうだとすれば、――意識が生まれるだけでもおそらく非常に難しいだろうが――進化上の困難がさらに増す。意識をもつ動物の進化は奇跡だったのだろうか。

意識と同時に必要なのは指針をあたえる機構だけではない。意識がその核心として意志をもつとすれば、それを利用するにはまた条件が必要なのである。二章二節で見たように、意識の適切な意志行使を可能にするための、多様な情報が必要である。この点を立ち入って考え直してみたい。

一章一節で見たカエルの話を思い出してみよう。カエルは小さな動くものを見ると舌を伸ばす。このカエルのような固定した入出力に、意識による行動選択の自由が加わったとしよう。これだけで適応性が向上するだろうか。出力の選択肢が多様化しただけであたえられる入力が同じなら、意識は恣意の自由をえたにすぎない。視覚情報が無意識のうちに処理されて、食物を示唆する小さな動体が目に見えたという情報が入力としてとどき、カエルはそれを食べようと舌を伸ばす。このとき視覚入力は小さな物体が見えたか、そうでないかのふたつの識別しかできないと仮定しよう。出力側の選択肢としては舌を伸ばす以外にその情報を無視する、接近物から逃げる、というような複数の選択肢から選べても、入力情報がこれだけしかないなら、小さな物体が見えたなら舌を伸ばすという選択肢以外は合理的適応的ではない。一方、もし、入力がもっと詳細で、たとえば視覚的にその小物体が食べられるものか否か識別できるだけの情報が得られるなら、無視の選択肢があることで生存適合性が増すことだろう。しかし、前記のような乏しい入力条件では、無視を選ぶことは多く不適切である。つまり、入力が限定されていると、意識の実現する行動選択の自由も生存適合性を増さない恣意の自由にとどまり、無用の長物でしかない。むしろ無用どころか、それなりの生存適合性をもって対応できる無意識の機構からの出力を妨げ、恣意的で適合性の劣る行動を出力することで、かえって適合性を損なうこととなる。

　より適合的な行動を実現するためには、意識が適切な出力を選択する手がかりをえるために利用できる入力源が必要になる。カエルのようなすでに処理された固定的な意味（エサである／エサでない）をもった入力源だけでは不十分である。それ以外の方法での利用の可能性——たとえば色の特徴と過去の経験から毒をもつものと認識すること——がないからである。したがって、固定的入力源とは別のタイプの入力源——直前の例なら色認識ができる視覚、過去の毒虫を食べたときの記憶——をもっていて、出力選択に利用できねばならない。つまり意識が（固定的でない）多様な意味をあたえることができる入力（たとえば二章三節で見た対象の色）が必要である。適応的な役割を果たすために、入力は多様であらねばならず、意識はそれを総合し合理的な行動につなげるものである。

適応度を高めるためには、意識の総合は、より多くの入力をふまえたものであることが望ましい。視覚だけでなくほかの感覚、また記憶内容、身体内感、それらがすべて意識にあたえられるなら、それらを総合して下される判断は、より以上に現在の状況に適合的なものになるだろう。こうして意識はより広い総合をめざすことになる（ただ、意識の情報処理能力に限度がある以上、無制限に何でも意識にあげればよいということにはならない。無意識の処理を残すことにも合理性がある。意識と無意識が分業体制をとること、無意識が事前処理をしてから意識に渡すことなども、そういう合理的な対処のひとつである）。

このような条件が一度にそろわないと、意識を身につけても意識は無用か、むしろ生を阻害する。しかしそうだとすると、進化の歴史のなかで、これらの諸条件をすべてそろってもつ生物が、突然生まれたというわけだろうか。しかし意識が生まれることさえ至難と思われるのに、意識を支えるほかの備品まで必要ということなら、そういう事態はどう考えても奇跡の上に奇跡を期待するようなことではないだろうか。

しかしながら次のように考えれば、この困難も少しは緩和されるように思われる。それにはまさに重複であり無駄ではないかという疑問を引きおこしていた、先の二経路の並行性が鍵を握る。意識を経る入出力経路とそれに適応価値をあたえる付属機能とは、無から一挙にできたのではなく、既存の無意識の固定した入出力経路と付属機能とにつけ加わるバイパスのような形で生まれ、その既存の経路、付属機能と並行して機能するようになったというのがその考えである。詳しく述べてゆきたい。

まず入力源である知覚についてである。意識発生以前の知覚は、無意識のうちで処理され、固定された出力につながる経路があるという形だったろう。カエルが意識をもたないとすれば、カエルの知覚はこういう形である。この経路を走る知覚情報を、固定された出力につながる以前の、まだ処理途中の段階——途中なだけに外界の多様な情報が未処理なままあたえられている——でバイパスによって意識に届ければ、先述のような自由な適応的行動のための情報を得る入力の豊富化という要請は実現できる。

選択の指針をあたえるものの代表である感情についていえば、こちらも意識以前に、意識されない感情的な——意識にのぼらないのでふつうの意味では「感情」と言えないが——身体操作は可能だったと思われる。意識をもつ人間において、たとえば怒りに伴って身体の活動亢進《こうしん》が見られるが、アドレナリンの血中放出といった化学的過程がこれを実現している。この化学物質による活動亢進は怒りという意識的な過程を媒介せずに生じさせることもできるはずである。こういった無意識の過程が意識の誕生以前からあって、身体をコントロールしていたということは十分考えられる。それは意識されないから「感情」とは呼べないが、適応上の役割を果たしえたであろう。同類の動物が縄張りを侵して迫ってきたというような、もし意識があれば怒りが生じるような状況で、アドレナリンの効果による活動性の無意識的高まりが生じることは、生存に適合的である。

この無意識の化学的過程が、進化上あとから生まれてきた意識によってモニターされて、怒りなら怒り特有の意識内容を引きおこし、それが自由な行動創出のために利用される。今までの固定的入出力経路による自由なき行動決定は無意識経路に残っているが、新しくできた意識経路は独自の判断でその決定に介入するようになる。こういう事情であろう。

こういうバイパス的付加だと、意識とそれに関わる新機能が置きかえの形で生まれる場合より大きな利点がある。というのも、もし置きかえが生じるなら、新機能を担う組織が完成するまでの中間状態では生きていけないから、最初から一挙にその組織ができあがっていなければならないことになる。これとは対照的に、バイパスなら、ひきつづき古い機能を利用し生きていくことができる。最初は自由な行動を可能にする最低限の意識の入出力経路と備品の組ができただけでよい。その後、ひとつずつ新しい機能がつけ加わってゆけばよい。

このような理解にはもうひとつ利点がある。われわれ人間においては本章で見てきたように意識による入出力経路だけでなく、無意識の入出力経路が残され働いているが、その実情にかなっているという利点である。無意識の経路がまずあって、意識的経路がバイパス的にそれに加わったということは、この実情に照らし、理解しやすい。

このように考えてくると、二経路の重複性は、進化の上でも大きな役割を果たし、そして現在もまた、先の分業体制を支える仕方で、なお重責を担っていると言えるだろう。

【八・六】メルロ＝ポンティの二実存的意識観の見直し

本章はここまでメルロ＝ポンティの二実存説とグッデイルらの二経路説とを重ねあわせて理解してきた。しかしながら両者に相違がないわけではない。実はメルロ＝ポンティの見直しにつながるような相違点を指摘することができる。六章で扱ったチャーチランドの説を援用して、メルロ＝ポンティへの批判を試みたい。

メルロ＝ポンティは一種の分業体制の利点を語り、そのためにふたつの実存の分化がなされたと述べていた。しかしながら、彼は身体的実存に人格的実存とおない、じ作動原理――実存――を想定する。この点は二経路説が知覚のための視覚、行動のための視覚という、相異なる作動の方向性を想定しているのとは対照的である。そして同一の原理を想定しているというこの点で、本章三節で見たように、実存に本当に身体のコントロールができるのかという困難な問題に直面するのだった。

私の腕にどういう筋肉があるか私――人格的実存――は知らない。その点はおなじ実存である以上、身体的実存も同様であろう。だとしたらどうしてひとつひとつの筋肉に指令を出してその全体の統合を保ちながら目的達成のために動かすことができるのか。たしかに身体は意味的目的的に活動する。しかし意味的レベルと、身体を実際に動かす筋肉作動などの機械的レベルとのあいだに大きな懸《けん》隔《かく》があり、両者を埋めることは難しい。

一方、チャーチランドは脳の並列分散処理の事実をふまえ、情報処理が人間的意味と無縁な形で営まれるのだと主張する。私が注目したいのは「教師あり学習」のモデルであるが、このモデルは六章のような入力を識別する学習を実現できるだけでなく、身体コントロールの学習も実現できるはずである。身体を動かす細部の筋肉についての知識はないまま、脳から身体へとどういう遠心的信号を送信すればふさわしい身体作動――目の前のものをつかむといった――が実現できるか、おなじ「教師あり学習」により学習できるであろう。「教師」は身体コントロールの細部を知らないまま、つかむことの成功、不成功にもとづき微調整を加え、それが求められる目的に近づくかどうかに応じてさらなる再調整を繰り返し加える。このことだけで、筋肉についての知識もないままに望ましい身体作動が学習できる。

たしかに私は六章でチャーチランドの消去主義を批判した。消去主義が「教師あり学習」という形で人間的意味を外から補う形で成りたっているという点が批判の根拠であった。消去主義は人間的意味を消去できると主張しながら、少なくとも「教師あり学習」では人間的意味に依存したシステムをしか提示できなかったのである。また、「教師なし学習」のモデルも、それだけでチャーチランドの意図、つまり現象する意味から心を考えようとする民衆心理学を排除しようという意図を実現できるとは言えなかった。認識の不可欠の支えとなっている、われわれの世界への関心といったことを説明できないという問題があった。また、たとえこれらすべての意味的なものを、意味がある「かのように」見えるだけだと断じようとしても、進化論上の問題が残るのであった（六章二節）。

しかしながら、「教師あり学習」については、これを捨て去るにはまだ早い。このシステムはたしかに自律性を欠いていて、それが消去主義にとっては理論的難点となるが、このシステムは何も消去主義の道具としてしか考えてはいけないということはない。消去主義の文脈から切り離し、このシステムの可能性を探ってみたい。このシステムは、人間的意味を補うもの（教師）をシステム外部に必要とするが、そういう形で身体作動においてこのシステムを想定してみたいと思う。そしてこのモデルが仮に現実の身体作動において妥当するならどうか考えてみたい。

「教師あり学習」のモデルでは意味的なレベルと非意味的なレベルとの媒介がはかられる。「教師」は身体コントロールの細部を知らないまま微調整を加え、それが求められる目的に近づくかどうかにもとづく再調整を繰り返し加えるだけで、望まれる身体作動を実現できる。これは実際にわれわれが身体技能を習得するときの姿にうまく合致するように思える。私――意識的な人格的実存としての私――は身体の動かし方に微調整を加え、うまくいけばそれを維持し、うまくいかなければまた別のやり方を試みる試行錯誤を行う。その際にひとつひとつの筋肉など身体細部の運動については知識も自覚も欠いている。にもかかわらず試行錯誤の果てにうまく目的的運動が実現できるようになるのである。教師の介入により、意味ある行動と非意味的な身体下層の運動とがうまく接合できるという、「教師あり学習」のモデルに適合しているように思える。

脳の並列分散処理のモデルとの合致のため、チャーチランドのモデルは簡単に捨てがたいが、右のように変更を加えて生きのびさせられるなら、身体活動の学習に関する有効な候補となりうる。身体活動がもっぱら小脳でコントロールされているという事実も、小脳に身体運動の細部のコントロール機能を擬し、大脳にその意志的コントロールを擬すなら、うまく先述の修正モデルにあてはまりそうである。

ただ、この場合、メルロ＝ポンティの論旨とは相違する点がある。メルロ＝ポンティによれば身体の作動メカニズムが人格的実存に理解できないのは、チャーチランドの考えるような非意味的なプロセスによって作動しているからではない。そうでなく身体作動がいわば私のなかの別の主体ともいうべき、身体的実存によって導かれているので、他人の心の働きが分からないのとおなじように、意志し理解する人格的実存であるこの私には、身体作動の際にどういう指令が出されているかは理解できないのである。

しかし身体作動を人格的実存とおなじ実存の働きに帰する限りでは、意味と非意味とのギャップの架橋という大きな課題が放置されたままになる。むしろここはメルロ゠ポンティを踏み越えて進む決断が必要であろう。

たしかに、右で述べた人格的実存による身体作動の「微調整」は、われわれの経験を振り返ってみれば力の入れ方などの微調整であり、チャーチランドの議論における各シナプスにおける重みづけの微調整とは別レベルである。前者はかろうじて意志的に関与できるようなレベルのものであるが、後者は――もしそれを身体のメカニズムに当てはめて考えるなら――私が意志的に関与できるようなレベルより下のところに想定されている。だとすれば、先述のようなメルロ゠ポンティと並列分散処理システムの統合のような企ては、表面的類似に幻惑されて本質的違いを無視した暴論にとどまるのではないだろうか。

しかしながら、身体技能習得時に私が行っている「微調整」は、この種の意志的意識的な関与にとどまるのだろうか。目標に向けてボールを投げようと練習するとき、最初は狙いすましたつもりでも見当外れのところに投げてしまう。次に投げるときは、最初にとどかなければもっと力を込めて、右に方向がずれれば左に向かわせるように、調整して投げる。もし次に方向が正しくても距離がまだ足りなければ、方向の調整は先のままでとどめ、距離の調整だけを行う。こういう調整は意識的調整である。しかし私の調整が意識的次元でつきているとは限らない。「方向はこのままもう少し遠くに投げる」つもりが、実際には方向も変わってしまったりする。どういう結果になるかやってみないとわからない面がある。調整が意図と大きく違った結果を生むことも多い。私の調整は意図でカバーできる範囲をこえてしまっているようである。意図的に調整できる部分はあるが、その変更の結果が予期できない部分も大きく、手当たり次第の調整という性格も帯びている。システムの仕組みがわかった上での意図的な関与で尽きていないという面では、身体活動学習と教師あり学習は共通点をもつ。

　意識的層からは行動出力が目的に近づいたか否かのフィードバックだけがあたえられ、それを無意識の調整過程が受け止めてさらに調整を続けるかここで止めるかを決める。たしかにチャーチランドのあげる、人間がコンピュータの教師役を務める事例と異なり、ひとつひとつのシナプスに次々と調整を加えるというような組織的網羅的な調整ではないと思われる。しかしフィードバックと、システムの作動を十分理解していないままの再調整との往復で理想的形態に近づいていくというやり方は、このような仕方でも十分実現可能であろう。だとすれば、前記のような理解は、メルロ＝ポンティのかかえる難点を克服する方向を示唆しているようにも見える。

　ところで、ここまでは「教師」の役を人格的実存と、生徒の役を身体的実存と想定してきた。しかし教師役は人格的実存しか務められないものか。身体的実存もまた実存である。実存として身体行動の目的を理解し、その理解にもとづいて身体に指令を出すことができる。たとえば盲視患者は、背側経路を利用して障害物を避けるし、また、ポスト入れ課題をこなすことができる。ポスト入れ課題については二章二節で説明したが、ポストのような長方形の開口部に、カードを投入するという課題である。開口部が三六〇度回転できるようになっていて、実験のつど開口部の方向が水平であったり垂直であったり変わるが、被験者である患者は、カードの向きを開口部の向きに合わせて投入しなければならない。患者に投入口の向きを答えさせても当てずっぽうの答えしか返ってこないが、こういう患者でも、ポスト入れ課題を十分こなすことができる（SU, pp. 19-21／二五―二七頁）。穴にものを入れるということも、投入物の形状、開口部の形の適合性も理解できている。しかも、理解しているだけでなく、どうすればそれにふさわしい身体の動かし方ができるのかをすでに学習していてそれを実現できる。障害物回避でも、そのための体の動かし方は、過去の学習の成果であり、はじめて歩いたのならそれほどうまく回避できまい。ここには「実存」と呼ばれうる、意味を理解する行動主体がある。単に機械的受動的に動かされるだけのものではない。だとすればこの主体が意味を理解する教師役を務めることはできそうである。

もちろん、人格的実存と身体的実存の間では理解に質の差がある。腹側経路（＝人格的実存）の理解は「知覚のための視覚」であり、一方背側経路の理解は「行動のための視覚」であった。前者だけがものの「何」の理解にかかわるものであった。背側経路だけでは、「何」を理解した上での行動はできず、ナイフをつかむときに刃の部分をつかもうとしたりする（SU, p. 107／一四九頁）。こういう差は人格的実存、身体的実存それぞれが教師役を担うときにも当然反映されるはずである。身体的実存だけでは、対象が何かを識別した上での学習は不可能であろう。しかしそういう差はあるにしても、身体的実存もまた教師あり学習の教師役を担う資格を有すると思われる。

私は本節で描いたモデルが実際に身体的学習の際に働いているとまで主張するつもりはない。それは大胆すぎる提案であろう。しかしながら、たとえばこの種のモデルのような、意味と身体下部とのギャップを架橋するものが必要だということは間違いない。メルロ＝ポンティではその架橋を身体的実存に先送りするだけで、架橋の提案はおろか、架橋の必要性を指摘することもなかったのである。

最後に付言しておく。このモデルは意識による身体操作のモデルであるが、意志がどうして身体へと影響を及ぼせるかということの決着はこのモデルが完成されてもつきはしない。教師役の意識が物質に介入する接触がどうして可能なのかということが解明されていないからである。

【八・七】意識は何をしているか

意識は世界内のもの、実践的なもの、意志的なものである。意識の構造とは、こういう実践的な世界関係において考えられるべきもので、それと切りはなしうるかのような現象的意識についての性格付けは意識の本質を逸している。

だが、意志をもつだけでは生存適合性を増すことはできない。本章二節で述べたように、意志を適切に行使する条件が必要である。つまり、意志に加えて学習や記憶等々による情報を意志が入手できて、その情報に頼って意志が適切な選択肢を選べるのでなければならない。それら諸情報を総合できる総合性が意識にとって必要である。総合的な意識のあり方を構成する個々の要素は進化の歴史のなかで意識が生まれた最初からすべてそろっていたと考える必要はない。ひとつずつ付け加わったと考えてよい。しかしながら、意志、総合性、総合性を具体的に構成する記憶などの要素、これらの最低限のセットが最初からそろっていることが不可欠であり、どれかひとつが欠けても意志が生存適合性を増大できない。むしろ中途半端にそろっていると、生存を阻害する要因にもなりかねないのである。そして本章二、四節で見たように、とりわけ世界を自然として見る見方は、情報を汎用的に利用するためという面が強いと言える。つまり入力された情報を意識の総合性にふさわしい仕方で手に入れるため、世界を自然として眺めるのである。

ここであらためて、意識は何のためにあるかという問いに戻ってみよう。本書では意識（現象的意識）の無用説を批判的に検討するなかで、進化上、意識の効用があるはずだと考えざるをえないという結論に達した（本書第一部）。残る問題はその効用が具体的に何のためかという点であり、意識のどういう機能によるものであるかという点である。意志は効用をもつための必要条件であるが、これだけで効用は保証されない。効用（生存適合性）は前記のような意識による心的諸機能の総合の働きから生まれると見なすべきである（本章四節）。意識が何のためかといえば、意識の総合性によってえられる状況判断を反映した意志行使による諸々の効用のためである。

ただし、注意しておかねばならないが、意識の効用は、意識以外ではえられない効用である必要はない。進化においてある機能を果たすある身体的基質が生まれたとして、それはその機能を果たすにはそういう基質しかありえないという必然的条件を満たす必要はない。ほかの基質でもよかったが、たまたま先にその基質により当の機能が果たされたなら、生物はそれに甘んじるかもしれない。その基質に当の機能を果たさせることが、生物にとってマイナスの効果をもつならその基質なりその機能はむしろ淘汰されるであろうが、いささかでもプラスの面があれば、残っていて不思議ではない。したがって心的諸機能の総合を意識が果たし、そのために意識が淘汰を生きのびたとしても、その総合機能は意識しか果たしえない機能と限らないのである。

意志と総合性が保証する諸機能の効用があるため、意識は生まれた。意識はそのためのものであり、したがってそういう面からの制約を受けているはずであろう。意識が物質からどう生まれてくるのかという根本問題を考える際も、この起源の問題を忘れてはならない。他方、意識の普遍的、必然的なあり方を探求しても、現実の意識が物質からどう生まれるかという問いを解決から遠ざけるだけだろう。本書第一部で検討してきた、意志を無効視する解決策(一、四、六、七章)は、進化によって生まれてきた意識をとらえるよりも、道を迷わせるだけではないか。むしろ総合的な構造を中心においた意識観が、意識の根本問題を解くための近道ではないか。

＊　＊　＊

最後に意識の総合性に関連して、「デカルト劇場」と揶揄《やゆ》される常識的な意識理解に触れておこう。ここでは意識は、各種表象が上演される舞台を眺めているようにイメージされる。揶揄されるのは当たり前で、このイメージだと舞台を眺めるもうひとりの私を想定することになってしまう。私の意識のなかにもうひとりの私を想定するなら、その私の意識のなかにもさらにもうひとりの私が想定されねばならず、無限に続いてしまう。このようなモデルが意識の実像であるはずがない。

しかしながら、このようなモデルにも一端の真理があり、意識の総合性を反映していると思われる。知覚の際の意識で考えてみたい。知覚の際、意識内容は多くの回路に開かれる。思考、記憶、学習等々である。記憶については、知覚内容が記憶されること、また記憶を呼び覚まし現在の知覚と結びつけることも生じる。このことは意識にかかわらない背側系のあり方と比べると鮮明に理解できる。背側系の処理内容は記憶されない（SU, pp. 76-82／一〇四―一一二頁）。その意味では孤立している。一方、意識という場は、記憶や知覚、その他多くのものがそこに集結し、眺められる総合の場である。意識が諸表象を舞台上の登場人物を見るように見ている。

この性格ゆえ、思考等の高次意識に低次意識内容が伝えられる。ただその伝達は、知覚の場合、知覚の具体的表象の形で伝えられるのであり、抽象的な情報にされてから他の回路に伝わるのではない。具体的だから舞台を眺めるという比喩も成りたつ。なぜ具体的かといえば、知覚情報が自由で柔軟、創造的な利用のために活用されねばならず、そのためにはできるだけ生《なま》の情報に近い方が望ましいからである。加工済みの情報は情報量も乏しくなり、加工の際に予定されていた用途以外には利用しにくくなる。自由な利用を可能にすることこそが人間的意識の存在意義であった（本章三節）。その具体的情報（知覚表象）を、思考や記憶等のいくつもの回路が利用する。具体的な表象の形で伝えるために、思考は知覚表象を意識する、あるいはそれを「見ている」かのような形になるのであろう。もし抽象的情報が伝達されるだけなら、思考は具体的知覚表象をもたず、それゆえそういう抽象的情報を「見ている」という感じをもつことはない。しかし実際には、あたえられるのが知覚表象などの具体的な表象なので、「見ている」かのような感じが生まれる。そしてその「見ている」かのようなその感じから、表象を「見ている」という意識のモデル、つまり「劇場モデル」が生まれるのであろう。デカルト劇場の真実は右のようなものである。

第九章　実践的意識が見る世界

【九・一】知覚的信念

本章では意識がかかわりゆく世界とその中の対象がもつ一般的性格について論じたい。ただ、以下に見るように、それが「一般的性格」であるのは、それがカテゴリー的に主体の側から世界と対象に付加される性格だからである。その意味では単に世界の側、対象の側のものであると言うより、意識の構造を反映するものだと言ってもよい。したがって、意識を論ずる本書のひとつの章をこれに割いても問題ないだろう。

ただ、序にも述べたように、私は事実性重視の立場から考えている。意識とは動物の意識であり、それゆえ意識の機能の基本は、世界を知覚しそれにふさわしい行動の意志を形成することである。可能な意識すべてに普遍的なあり方や、そういう意識の対象の普遍的なあり方をとりだそうと最初から目指すのは誤りである。この点に留意しながら、まず知覚する意識の意識対象を考えてみよう。

知覚対象がいかなるものかを検討するに際して、メルロ＝ポンティの叙述を参照したい。二章二節ですでに触れた、「知覚的信念」についてである。彼は前掲の『見えるものと見えないもの』

(Merleau-Ponty 1964.)において、「知覚的信念」について述べている。知覚される世界ないし対象に関して知覚者が共通してもつ信念のことである。先にも触れた、第一の知覚的信念は「われわれはものそれ自体を見ている。世界はわれわれの見ているそのものである」(VI, p. 17/一一頁)という信念である。ただ、この信念からは、それに関連する信念がいくつか展開できる。たとえば、世界は夢でも錯覚でもなく、見ているとおりに目の前に存在する、というような信念も前記の信念から直接導き出せるだろう。

知覚的信念は「自然のままの人間と哲学者に共通の信念」(VI, p. 17/一一頁)とされる。これは、哲学者も一般の知覚者同様、当の信念を証明できはしないがなお信じざるをえないという意味である。たとえば前記の信念内容、つまり世界が見えているとおりに実在しているという信念内容を証明できるかといえば、それは難しい。世界が実在するということぐらいまでは示せるかもしれないが、私の見ているようなものだということまで証明できるだろうか。むしろ世界が今見えているように見えているのは、私が人間の視覚器官をもっているからであり、ほかの動物には同じ世界が違ったように見えていることだろう。だとすると見えているままの世界の実在という知覚的信念は臆見であるとさえ言えなくはない。しかし哲学者がそれを臆見と見なそうとしても、実は哲学者もふつうの知覚者と同様にその信念を前提せざるをえないのであり、知覚的信念はそういう意味で哲学者にも共有される。どうして哲学者でさえ知覚的信念を臆見として否定できないかといえば、知覚的信念とは知覚を可能にする信念だからである。というのも、対象を見ようと顔を向け、目の焦点を合わすことで視覚が可能になっているが、この動作は見えているその空間的位置に対象が実在することを前提してはじめて目的を達成できる動作だからである。

しかしながら、哲学者は懐疑によって、少なくとも疑っているときはこの信念から解放されているのではないだろうか。いや、実は哲学者といえどもその信念から自由ではない。世界の実在への懐疑は概して自己矛盾を含んでいる。たとえば世界を疑う哲学者がどうしてその疑いを書物にし他者に訴えるのか、という反問ができるだろう。もし世界を本気で疑っていたら、その世界のなかにいるはずの他者も疑いの的であり、他者へ向けて書物を書くことが無意味になってしまう。だとすれば懐疑について述べた哲学書を物することで、哲学者は自らの懐疑が本気でないということを告白しているのである。

このように、知覚的信念とは、その信念を疑ったり否定したりということが自己矛盾を含んでしまうような根本的な信念である。懐疑にとどまらず、哲学者の思考もすべて、世界の知覚的体験に基礎を置いている。その基盤に依拠して思考は展開される。そのため思考によって知覚体験の一部を否定修正することはできても、懐疑のように知覚全般を否定することはできない。自らの思考の地盤を掘り崩してしまうからである。それゆえ哲学者は、哲学するためにも、知覚的信念を前提せざるをえないのである。

＊　＊　＊

メルロ＝ポンティは『見えるものと見えないもの』において知覚的信念を三つに区別して述べている。ひとつ目は前記の信念であるが、第二にあげられるのが、知覚により「他人が知覚している世界そのものに達している」（VI, p. 84／八四頁）という信念である。この世界には他人がいる。そして

「他人」である以上、意識をもっていなければならない。しかし他人の意識の内容は私の意識の内容とは違って、直接には知ることができない。だからこそ他人には意識などないという懐疑も可能なのである（この可能性はゾンビの仮想をもっともらしく見せている一因であろう）。また、他人が意識をもつと認めるにしても、その他人が世界をまったく違った仕方で見ているという可能性も頭をよぎる。いずれにせよ確かめられないからこういう疑いの余地もあるのである。

しかし、こういう疑いは決して真剣なものにはならない。道行くひとを眺めながら、このひとたちは本当に意識をもつのか懐疑に沈んでいる私に、そのなかのひとりが近づいてきて、道を尋ねてきたとする。そのとき私は一瞬で懐疑の沼から引き上げられる。道を尋ねるそのひとが、意識をもち、私と同様に世界を見ていることを、私は疑うことができない。「むこうの赤い看板」を目印に道を教える私は、色がそのひとに私と同じように見えることを疑わない。私は知覚において他者と共通の世界に到達しているという信念をもっている。

本書二章二節で引用済みであるが、第三の信念は次のようなものである。「知覚的信念は、ものも精神もすべてが一緒にある雑然とした全体に、つまり世界と呼ばれる全体にかかわっているのだと信じている」（VI, p. 91／九二頁）[26][27]。視覚と聴覚、触覚といった諸感覚はある意味別々の世界を描き出す。右手と左手もそれぞれ別々の触覚器官である。しかしそれらによってえられた知覚はすべてひとつの世界に収束するのだと私は信じている。音がすれば、そちらへ目を向けてしまう。聴覚と視覚が、そしてまた頭を動かすときに主役を演じている触覚が、すべてひとつの世界にかかわっているのだということを前提して、私の知覚は営まれている。そしてその単一の世界は、物質だけでなく、知覚する私もそれに属する外部なき全体である。私は身体的なものとして世界に属する。

この第三の知覚的信念はさらに展開される。世界への信念とは「厳格に結びつけられた連続的な自然的事実の体系への信念」(VI, pp. 46-47／四三頁) だと述べられる。世界のできごとは厳格に関連しあっており、偶然や気まぐれに支配されているわけではない。先に述べたような諸感覚世界の共立は、それらが緊密かつ法則的に対応していることを必要とする。「ものも精神もすべてが一緒にある」(前掲) ためにも、両者の規則的な対応が必要だろう。世界は一種の「スタイル」が支配していて (VI, p. 29／二五頁)、世界のなかのどこにもそのスタイルが見てとれる (ただしこの「スタイル」は本質のような事実を離れたものではない (VI, p. 149／一五四―一五五頁))。

しかしながらこの三種の知覚的信念に対して、哲学者はその不確実さを訴えてきた。先述のような懐疑も、知覚の不確実さの認識を起点に生まれてきたものである。目に見える対象の姿が対象そのものだと思っていても、それは見間違いの産物であることがままある。この事実は私の見ているものがそのまま真理だという第一の知覚的信念と矛盾しないのか。

まず言えることは、知覚的真理とは誤りの可能性が限りなく減少して行く極限にあるものではないということである。メルロ＝ポンティは現実性と真らしさは別のものだと述べている (VI, p. 64／六三頁)。知覚の誤りはつねに可能であるから、確からしさがいくら増しても、絶対の確実さには達しない。錯覚かもしれないし、最悪の場合は一連のできごとがすっかり夢と判明するかもしれない。しかしそれでも私は手につかんでいるものの真理性を疑うなどということはできない。ということは、真理性とは確実性の極限にあるものではなく、それとは別の源泉からえられるものである。知覚対象が真理性をもつということは経験的観察や根拠の探求にもとづいて示されるものではなく、最初から真理性を帯びるようになっている。知覚対象の存在が真理性をもつものとしてあるのであり、その意味でこのことは知覚対象の存在論的性格だといってもよい。ただ、これはその存在論的性格を私が任意にあたえたりあたえなかったりできるということではない。私の恣意によらず、対象がおのずからそういう性格を帯びて現れてくるのである。

知覚の誤りの可能性がそのものを見ているという信念と矛盾しない第二の理由は、知覚の誤りは、知覚の文脈のなかではっきりと説明できるからだというものである。メルロ＝ポンティの議論をかみ砕いて紹介しよう。知覚の誤りの多くはよく見なかったことに起因する。よく見ていない、という知覚の文脈内の理由があるのであって、知覚の文脈で説明できない何かが誤りを引きおこしているわけではない。この例に限らず、知覚の誤りを引きおこすのは、対象が遠くだったとかあたりが暗かったとかいう、知覚世界のなかの理由なのである。私は電信柱をひとと間違えることがあるだろう。しかしこういう間違いを白昼、正面三メートル先にある電信柱に対して犯すはずはない。そういう状況は絶対考えられない。私が電信柱をひとと間違えるのは、暗い夜道を不気味さを感じながら歩いていて、私の真横にあってごくぼんやりとしか見えない電信柱を見て、間近にひとがいると勘違いして驚くというような場合である。このとき、暗さと横目でしか見えないという位置関係、ちらっとしか見ていないというような条件が重なり合って誤りが生じている。しかしその誤りが生じるのは知覚という文脈のなかではごく当然の理由にもとづいている。一瞬横目でしか見ていないこと、暗さ、これらは概して知覚の誤りを引きおこしやすい条件である。だから誤りに気づいた私は、誤りに直前のような知覚内在的な説明をつけることができる。誤る私も、誤りを誤りとして理解する私も、一歩も知覚世界の外にでていない。第三の知覚的信念からの展開として紹介した、「厳格に結びつけられた連続的な自然的事実の体系」として知覚世界は成りたっている。知覚の誤りもその連続する糸を断ち切るものではなく、むしろその糸の結び目のひとつなのである。

だとすれば、一見知覚への懐疑を動機づけるかに思える知覚の誤りという事象が、懐疑につながるものではないということも示せる。誤りは世界全体を崩壊させない。むしろ真なる世界を知覚していることを前提して、それについての知識にもとづいて、別の一部について誤りが認められるだけである。

しかしながらこれに対し、夢は知覚世界の全体を崩壊させるのではないか、という反論があるだろうか。いや、夢を夢と判断するとき、私は今この瞬間の知覚の真理性を前提してそう判断しているのである。今、寝床にいることを知覚し、その知覚を真と信じるから、直前に高い壁を恐怖を感じながらよじ登っていた経験が実は夢だったと気づきうるのである。気づく私も、知覚を真なるものとしてつねに前提しているのであり、ときに誤り夢見る私を、知覚はつねに背後から支えているのである。

＊　＊　＊

メルロ＝ポンティがあげる知覚的信念は以上の三種である。だが、私見では、前記の知覚的信念から、その帰結として下位の知覚的信念や、知覚対象に関する諸性質がとりだせる。すでに三つの知覚的信念から、下位の知覚的信念をとりだしてきた。次にあげるのも知覚的信念ではないが、知覚的信念の帰結としての、知覚対象のいくつかの性質である。知覚対象の直接性、同時性、具体性などが帰結する。

知覚対象はそのものが現れている。そのものであって媒介されていないという意味では、直接現れているのである。知覚対象が今あるものとして同時的に知覚されていることは言うまでもないが、直接知覚しているから、同時的といえるのであり、もしそのものでなく文字やことばなどを介して間接的に対象を知るだけなら、同時的とは限らない。最後に具体性については、知覚されているのがそのものであるということから、その対象の具体的な性質がそのまま現れているということが帰結している。

以上三つの知覚対象の性質のなかでも、とりわけ直接性について付言しておく必要がある。R・G・ミリカン（R. G. Millikan 2004.）など、間接知と直接知の区別を無視するひともいるが、知覚は直接知であり、そのことが知覚対象の本質を形作っている。

知覚の役割は往々にして次のように考えられている。――「知覚とは世界についての情報を得る活動である。知覚の出発点は世界内の知覚対象が身体に及ぼす因果的な影響であり、それをもとに、知覚はそのものについての情報をとりだす。だとするとその因果的な影響が情報媒体だということになる。私はその媒体から解釈によって対象に関する情報をとりだすのであって、対象そのものから直接の情報を得ているわけではないという意味で、この場合の情報取得は間接的なものだということになるだろう」。

しかし実のところ、知覚は間接的なものではない。知覚において対象そのものが現れ、あたえられているという意味で、知覚は直接的である。一般の情報収集とどこがちがうのか。知覚においては一般の情報解釈の場合のような解釈が介在しない。一般の情報は、解釈されて初めて然々《しかじか》の情報として働く。たとえば宅配便の配達員が届けてくれた重い箱に「ミカン」と印刷されていたら、その文字を私は「このなかにミカンがある」という情報として解釈する。一方、知覚において対象はそのものとして現れている。その箱を開けてミカンを目にしたとき、解釈を加えるまでもなく、対象がミカンとして見え、あるいは触覚的にミカンとして感じられる。知覚はこういう直接性をもつ。これは当たり前のことだけれども、ある意味驚くべきことだとも言える。というのも、知覚とはこの身体を使った知覚でしかなく、そのためこの身体の諸性質に知覚表象は影響されるからである。私の目にはオレンジ色に見えるミカンも、色覚の弱いひとには同じようには見えないだろうし、嗅覚の鋭い犬などは、箱を開けただけでは匂いらしい匂いも感じない私の嗅覚とは違って、レモンでも夏ミカンでもなくふつうの温州ミカンだということまで識別できるのかもしれない。こういう知覚器官の相違とそれにもとづく知覚内容の主体ごとの相違を考慮に入れるなら、知覚された対象を「対象それ自体」と呼ぶことはふさわしくないようにも思われる。しかしながら前述の通り、知覚において対象は私に対し対象そのものとしての資格で現れる。これが知覚対象の根本的性質である。

ミカンそのものとして知覚することは、ミカンとして理解することとおなじでない。この点について、メルロ＝ポンティを踏みこえた分析になるが、もう少し検討を続けたい。

遠くのものを見て、それが何かよくわからないとしよう。しばらく見ていると、その何かわからなかったものが、いくつかの対象に分節化して見えてくる。いくつかのものが重なりあって見えているのだとわかった。その際、私はその一群のものをひとつひとつ別々のものとして見るための視線の動かし方を駆使し、別々のものとして視野に浮かび上がらせる。ひとつの対象を見るとは、そのものを背景から浮かび上がらせるべく、輪郭に注意を向けてそのものを見ることである。そういう見方をするようになって初めて、重なりあいひとまとまりに見えていたものが別々に分節化されて現れるようになる。見るとは受動的な作用でなく、視線を操る仕方である。視線はつねに小刻みに動いているのであり、視線を固定してしまえば通常のものの見えは解体してしまう。視線で輪郭をなぞることはその輪郭に沿ってそのものを浮かび上がらせることであり、そういう操作が視野のなかに図を浮かび上がらせている。

しかしこのような能動的作業を経て知覚が成立するからといって、決して知覚対象は私が恣意的に作り上げたものとして見えてくるのではない。そこに対象を浮かび上がらせたのはたしかに私である。しかし浮かび上がらせられた対象はその細部に至るまで、完全無欠に然々のものとしての性格を帯びている。どうして最初に見たとき、一群のものの分節化がわからなかったのか不思議なほどである。もう一度最初の不分明な見え方を再現しようと思ってもそれはできない（VI, p. 64／六五頁）。ひとつひとつが別々のものとして、打ち消しがたい確実性をもって見えている。単なる思考における理解ではない。知覚において生きられる理解であり、わかっている、真実をつかんでいる、という実感がある。それが知覚の確実性であり、知覚世界の存在論とはこういうものなのである。

世界がすべてを含む場だという第三の知覚的信念は、次のような信念も含意していると思われる。知覚対象および知覚世界は単に存在する（外在する）だけでなく、現象をこえた部分をもってあるものだという信念である。そういう現在知覚されていない部分も含めて、この唯一の世界に属しているのである。こういう意味での対象の超越性を、知覚するわれわれは信じている。これを知覚的信念に含めてよいと私は思うが[28]、その理由は現れている部分をこえているということは明確に証明できるものではないからである。見えているものの背面があると私は信じており、そのものの裏に回ったとき、たしかに想定されていた背面が見えてくる。しかし懐疑主義者なら、裏に回った瞬間に新たに作り出された可能性があると反論してくるかもしれない。知覚者である私はこういう疑いをもたないが、見えない部分もあるということはある意味信念であり証明できるものでない。

　以上具体的に検討してきた知覚的信念であるが、知覚的信念はあくまで信念であり、経験や論理の確たる根拠によって裏付けられるものではない。たとえば第一の信念が信じる知覚対象の対象そのものとしての性格は、知覚する身体の事実的な制約ゆえ当然に予想される主観性、間接性を乗りこえる。しかし知覚は何か客観的で十分な根拠があって知覚対象に対象そのものとしての資格を要求しているというのではない。その信念を立証しようとしても、知覚的信念はある意味現実に反してさえいる。対象と意識の間に介在する知覚器官は、対象そのものの現象を阻害している。私の見ているのは対象そのものではない、とさえ言える（これは今まで語ってきた「自然」についても同様である。「自然」は純粋な客観ではなく、あくまで私の知覚器官を介して得られた姿にすぎない）。しかしながら、知覚的信念はそういうものでしかない知覚対象に強引に対象そのものの資格をあたえる。そのもの性が失われると知覚と言えないから、知覚的信念はそのものとしての資格を対象にあたえることで知覚を可能にしているとも言える。一々詳細を見ることはしないが、このような事情はほかの知覚的信念についても同様である。

ただし、知覚的信念といえどもすべての知覚対象に無条件にそのもの性（や唯一のこの世界に属するものという性格など）をあたえているわけではない。原則的にそういう資格をあたえているだけであり、知覚において確信をもてず対象が何かよく分からないときなど、そのものとしての見えはその対象に限って保留されることがある（ただし疑いが知覚世界全体に及ぶことは決してない）。

最後に対象側でなく、知覚を実現する身体の方についてメルロ＝ポンティの理解を紹介しておく。身体は個別的な物質で、それゆえ先述のようにひとそれぞれの知覚の差が生まれてしまう。にもかかわらず知覚対象は対象そのものである。それゆえ身体という知覚の媒介も、個別的な物質としての性格をこえた、特別な資格を備えるようになる。身体について「次元的なこのもの」[29]、「普遍的なもの」(VI, p. 313／三八二頁）だと彼は述べるが、それはこの特殊な性格を言い表している。対象すべてがそれに属しそこから測られるものだという意味で、「次元」といえるだろうが、それは本来個別的なものが担いうる性格ではない。すべてのものを測る基準はすべてのものの代表であり、それゆえ「普遍」的なものといってもよい。ただ、その役割を、個別的なものが個別的であることをやめることなく担う。この不思議が知覚であり、それを可能にするのが知覚的信念である。

【九・二】実践と知覚

前節の議論を動物の実践のための意識という本書の中心的論点に関連させてみよう。

第一の知覚的信念において語られていた知覚対象のそのもの性は、無意識にではなく、意識的に認識されるものだと言える。一方、背側経路で処理される知覚（視覚）情報は、そのもの性をもたないだろう。むしろ当面の行動に必要な情報に限定されるため、抽象的な情報が伝わり利用されるだけだろう。

そのもの性が意識的なレベルで認識されるものといえる理由は、次のようなものである。八章二節の自然的世界の性格を思い出してみると、自然的世界が生《なま》の形であたえられるのは、ほかの用途に役立てるためであった。本章で扱うそのもの性は、まさに八章二節の生《なま》の世界のあり方と対応している。対象そのものとしての性格をもってあたえられるから、それをいろいろな形で利用することができる。もしそれがある点だけを抽出された抽象的な情報としてあたえられていたなら、別の用途において利用できると限らない。無理に利用するなら、そこに齟齬が生じる危険性を覚悟しなければならない。多様な用途に利用できるためには、そのものとしての具体的所与性が不可欠である。仮に客観的には「そのもの」ではないとしても、そのもの性をもたない限り別用途への利用が不当性を免れない。こういう理由から、そのもの性は意識的な過程において対象に付与される性格だと言える。

ただ、そのもの性をもつのは自然だけでない。実践的意味をもつものがそのものとして知覚されることがある。私は通常机をそのまま机として見ているのであり、自然的なものとして見ることはむしろまれである。ただ、そういう表象は、汎用性に関して限定される。机として知覚された実践的な知覚表象は、実践的意味における知覚表象としての刻印を押されている。机として知覚されたので、机の機能面においてしか注目されておらず、機能にかかわらない色などの特性が欠落していたりする。

つい先ほど見た机について、上板の色を問われると、答えられなかったりする。覚えていないのである。これが実践的表象の難点である。ただ、そうは言っても、利用の範囲が限られるだけで、自然表象に並んで実践的表象もその範囲内で一定程度は汎用性をもつ。そしてそこで重要なのは、その実践的表象が「そのもの」としての性格を負わされているということである。そうでないと他用途への転用は、「不当」といわざるをえない。

おなじことは、自然表象の「そのもの」視についても述べた。しかし「そのもの」と見なせないなら「不当」だというときの「不当」がどういう意味をもつのだろうか。単に学者が、理屈の上での「不当」を訴えるだけだとするなら、知覚者の実践的な問題とは無縁であり、気にとめる必要はないかもしれない。考え直してみよう。

ここでの「不当」とは、知覚的信念が妥当性を保証しないような仕方での利用のことである。具体例で考えるなら、たとえば夢みられたものは知覚的信念による妥当性保証の枠外だが、それを知覚されたものと同等視するなら、そのことは知覚者も理解している「知覚世界の論理」とでもいうべきものに抵触し、「不当」である。もちろん、「知覚世界の論理」のレベルで問題ないからといって知覚的に矛盾が生じないわけではない。実際、知覚においては整合的に説明できない事柄が数多く生じている。それでも多く私はそのことにさして気をとめないまま忘れ去ってしまう。しかしそういう問題と、夢と知覚の同列視の問題とは、問題のレベルが違う。こうして、知覚的信念が「知覚世界の論理」を形作り、知覚の実践的レベルを規定していると言える。先の例に戻れば、知覚的信念が付与するそのもの性が、知覚内容の他用途への利用を許す根拠になっているのである。それをもたない、夢や誤りと判定されたもの、知覚的に疑念が残るものについては、その知覚にもとづいて実践を行うようなことは「不当」になる。もちろん、実践上の困難も生じる。

これに対し、意識を介さない単なる情報の利用であれば、そのもの性は必要ない。自動的に情報が処理され、利用されるだけである。

また、知覚対象のそのもの性は、知覚に確実なものとしての資格をあたえる機能をもつのであった（本章一節）。知覚は客観的な意味では誤りもあり確実とも言いがたいものであるが、知覚する私は確実と感じている。このような（主観的）確実性がえられるから、私は懐疑のような無駄な疑いに足を取られることなく、知覚という手段によって世界についての「十分」な知識をえて安心できる。知覚は哲学者の目には十分とは見えないかもしれないが、少なくとも実践的には十分であり、実践においてそれ以上の確実性を求めても何の役にも立たない。対象がそのものとしての資格をもつことは、知覚を単なる認識の手段として考えるならもつことのできないような確実性を対象にあたえる。それは私の知覚というものの存在論的機能であり、それゆえ知覚のもつ確実性は存在論的な確実性ということができるであろう。こういう仕方で確実性を獲得することは、先述のように、無駄な不安を回避することで実践的に重要な意味をもつ。

先に知覚対象のそのもの性の直接的帰結として、知覚対象の直接性、同時性、具体性を挙げた。このすべては知覚が実践的な用途のものだということに強く関係している。

直接性、つまり対象の無媒介の所与性は、私の見ているもの、信じているものが真であるという確信をあたえる。この確信が不必要な疑いを退け、存在論的な安心感をあたえてくれるだろう。自己の信念とそれにもとづく行動とに確信の基盤をあたえる。また、直接性の否定である間接性は何らかの観点からの抽象を意味するだろうから、多様な利用を阻むものである。というのも抽象された情報を利用できるのは、その抽象情報に適応した利用者だけであるはずであり、どのような利用者でもよいというわけではないからである。したがって直接性は多様な利用を実現するためにも必要になってくる。

同時性は実践的な用途であるということに直結している。今ここのものだから、私にかかわり実践的な意味をもってくる。そして今ここのものだから実践的にその対象にかかわることができるのである。最後に具体性も意識化表象の本来の目的である多様な利用を許すためには必要である。直接性についで論じたのとおなじ議論になるが、抽象化されると、その抽象化の結果が利用できる観点とそうでないものとが分かれ、多様な用途に利用しにくくなる。

＊　＊　＊

第二の知覚的信念は他人とおなじ世界を見ているという信念である。

「意識にとって、世界に開かれていることは必然ではない。意識は自らの内にこもって存在することもできる」——意識にとって何が必然かを重視する立場は、こういう反論を返すことだろう。しかし、知覚的信念はこういう見解を拒む。世界に開かれていない意識は意識の名に値しない。万が一そういうものがあるとしても、私はその存在を確認することはできない。そしておなじ世界に開かれているということは、おおよそおなじように世界を理解しているということを意味する。おなじ世界をまったく別な風に理解しているとすれば、私にはその「理解」が不可解で、そもそもこの世界を理解しおなじこの世界に開かれているとは信じがたくなる。
だとすれば、第二の知覚的信念から、意識とは人間の意識を原型として考えざるをえないということが明らかになる。もっと突きつめて言えば、私の意識を原型として考えざるをえないということが明らかになる。ここから言えることは、本書の序以降何度か述べてきたように、事実的にあたえられた私の人間的意識から意識一般を考えていくしかないということである。あまりそこから離れてしまうと、それを「意識」と呼べなくなってしまう。

意識を現実の意識から考えなければならないと主張してきた今までの議論（とりわけ序に並んで五章五節で詳説した）では、その議論はどのような対象にもあてはまるような一般論であった。一般論として、われわれの思考は事実的なものに支えられ、事実的なものの重みを無視できないし、それから離れて何か積極的なものを見いだせるわけではないというような理由であった。しかしここでは、他なる意識の認知の場に特有の問題として、意識が人間的意識から考えられねばならない理由が示されたのである。

第三の知覚的信念（すべての属する単一の世界に知覚はかかわるという信念）に関しては、超越性とスタイルの統一についてのみあつかうことにする。それらを、ここまで見た知覚対象の諸性格と同じように、知覚が実践のための道具であるという点と関係づけながら考え直してみよう。

第三の知覚的信念の帰結として、知覚対象および知覚世界は現象をこえた部分をもっていると私は信じて知覚している（前節）。この信念は実践的には重要な意味をもつ。動物にとって、見えないところ、未知の場所は、特別な場所である。そこには食べものが隠されているかもしれないが、私を狙う猛獣が潜んでいるかもしれない。そのため、見えないところを動物は忘れてはならず、未知なるがゆえにそこに注意を払う必要がある。また、見えないところを見れば、現在見えるところを見た範囲での認識が変わるかもしれない。見えないところがあることを理解しなければ、認識の不十分さは克服できない。

このように、世界と対象とが現象を超越していると信じ、その信念にもとづいて超越部分へと探索を進めることは、動物の生存にとって大きな意味をもつ。既知と未知とは、認識に関するカテゴリーであるよりもまず存在論的なカテゴリーだといえよう。既知は安全であり既得の利益しか含まないが、未知は危険を含む一方で、新たな利益もまた含みうる。こういう既知と未知も、ものと世界の超越性を信じる者にしか明らかにならない。

次に第三の信念から導き出される世界のスタイルの統一性への信念について検討しよう。この「スタイル」は一種の法則的統一性であるが、科学者やフッサールが求めるような普遍的な一般法則のようなものではなく、私が経験的に見いだすこの知覚世界内での法則性である。当然、見いだされた法則がのちに誤りだと判明することもある。

この信念においては、世界に法則性があることが主体によって前提され、信じられている。この信念があって初めて、未だ知られざる法則性を世界のうちに探し求めることが可能になる。この信念がなければ、私はこういう探求に乗り出さないだろう。探求によって学習も可能になり、さらには具体的な個別法則を認識することも可能になる。経験を重ねることが生存にとって効果をもつようになる。こういう探求を可能にする役割をこの信念が担っている。

このように、知覚的信念は実践的な意義をもつ。ということは、世界へとかかわるものとしての意識――こういう意識しか現実的な意識ではないが――の典型である知覚意識は、知覚的信念を前提することで、すでに実践のために組織されているといえる。

だが、知覚的信念が実践的な意義をもつということは、知覚は世界についての情報を得るために必要であり、その役割を果たしているという単純な話ではない。動物は単に知覚を情報獲得の道具として利用しているというより、知覚に存在論的意義をあたえており、それは知覚が動物において果たす実践的意義にもとづいていた。真に今そこに存在する対象への通路を保証するものとしての資格を、ある意味現実に背いてでももたされている。実際は私の見間違いかもしれないのだから。しかしそういう仕方で強引にえられた知覚の性格が、生を根本から支えている。真理をつかんでいるという確信が、無駄な警戒を避ける役に立つ。知覚しているのが対象そのものだから、知覚表象を多様な用途へと振り向けることができる。世界と対象が現れをこえる面をもつと信じるから、未知への警戒と期待をもつことができる。必ずしもあると限らない法則性があることを前提するから、それを見いだすこともできる。私に現象する最小限の現実をこえて、動物はそれ以外のところに向かっていくことができる。おなじように現在をこえて過去や未来にも向かっていけるし、とりわけ未来については自らを選び取るという仕方でかかわっていける。その超越が実存と呼ばれてきたものである。

もちろんここでいう動物とは意識をもつ動物のことを想定している。たしかに意識をもたない動物でも類似の対応は行われうるかもしれない。意識をもたない動物も、意識をもつ動物が十分知られていないものに対して見せる「警戒」に似たふるまいは見せるかもしれない。大きな音がすれば今までの仕事は中断して音の方を向くだろう。しかしそれは何か危険かもしれないことが生じたという何らかの理解に発する行動ではない。ただ機械的に音の方に向くだけである。一方、意識あるものはこういう仕方ではなく、意識を介して世界に対応する。だから警戒も状況に応じた柔軟なものである。しかしながら意識の対応もまったく自由というわけではない。その世界自体が個々の知覚以前に知覚的信念などの型をはめられ、あるいは感情や欲望などで方向付けられ、実践で果たす役割にふさわしく道をつけられているのである。つまり、意識をもつ動物とは実存であり、意識はその動物の生存の核心を担うことによって、実存という枠をはめられてきたのである。意識をなにより実存という枠のなかで理解すべきである。

そのように理解される限り、意識は世界を映す無色の鏡ではない。意識は実践のために組織された器官なのであり、映し出された像も実践にふさわしく加工されている。その加工の最も基礎的な部分を担うのが知覚的信念である。知覚的信念は決して事実的な世界のあり方の反映ではなく、むしろ実践的に世界にかかわるために、世界の現れ方を加工しているのである。ただ、まさにその知覚的信念の働きによって、知覚し実践するわれわれは世界の現れ方が加工されているという事実に気づかないようになっているのである。

意識の生存的意義についての第一部の議論を踏まえれば、知覚意識の基本構造の一端を担う知覚的信念がこのような役割を果たすのはとりたてて不思議ではない。しかし、このことが知覚の現象学的分析という、第一部の議論とは別の観点から確証され、第一部の議論と符合したことは意義深い。両者相まって、知覚意識が前記のような役割を担うという主張を裏付ける、強力な論拠となっている。

そしてこの知覚意識こそ、意識の典型であるから、意識の構造の基本形がここに示唆されているのである。意識と物質との関係という最も根本的な問題を考える際も、このような意識の構造を考慮に入れる必要があるだろう。

【九・三】クオリアと表象主義

ここで論じるのは少々場違いであり、本来なら批判的議論を展開した第一部で触れるべきだったかもしれないが、F・ドレツキの議論に最後に触れておく。知覚的信念を眺めた上で論じることがふさわしいため、ここまで論じるのを先延ばしにしてきたのである。

物理世界の因果的閉鎖性を主張する立場にとって現象的意識の説明が難題だった。ドレツキが与《くみ》する「表象主義」という立場は、現象的意識を物理世界の表象として理解することで、現象的意識を物理世界との因果的関係のうちにとらえようとする。また、生物進化の観点もここに盛り込まれる。その意味で一見したところ私の見方に共通点もあるように見えるので、無視することはできない。ただ、見かけの共通点を一枚剥がしてみると、かなり本質的な差があり、そのため批判的に評価するしかない。だが、この批判によって知覚的信念に関する本章の議論をより明確化することができるであろう。そういう意図のもと、本章の議論に関係する範囲内に限って簡単に見ておこう。

ドレツキは彼の「表象主義テーゼ」を次のように説明する。「一、すべての心的事実は表象的な事実である。そして、二、すべての表象的な事実は、情報的機能に関する事実である」(F. Dretske 1995, p. xiii/v頁)[30]。

彼は意識を表象の場と見なし、表象を物理的客観世界の情報と見なす。それによって物理世界と表象を因果的に結びつけようとする。とりわけ難物であったクオリアを物理世界のひとつの表象として物理世界に因果的に結びつけようとするのである。その鍵が表象という、志向的概念である。クオリアは対象がもつと表象される性質と同一視される(Dretske 1995, p. 65/七七頁)。私の身体機構が外界の物体から反射する光を神経に伝え、ある色、たとえば赤の感覚を喚起する。その主観的な感じ(クオリア)を私はその感じの原因となった当の外的物体に志向的に結びつけ、その物体が赤い、と認識するのである。このような志向的関係を手がかりに、意識と物質の関係を、因果的に理解できる新しい方向が見えてくるように思われる。

表象主義の議論は心の哲学のなかでも確たる地位を占めているようである。しかしながら、ここまで見てきただけでも、私の考えとは相容れないものがある。ドレツキが知覚表象を客観的な物理世界にかかわるものだと考えている点である。

一方、私は本章一節で、メルロ＝ポンティにならい知覚世界には知覚的信念が妥当すると述べた。そういう知覚世界は決して客観的な物理世界ではない。知覚世界においてはたとえば見えている色が対象そのもの、世界そのものを表している。知覚世界は知覚的信念によって支えられるある意味「主観的」な意味を帯びた世界である。物理世界とは違う。

錯覚についてのドレツキとメルロ＝ポンティの見解を例にとり、両者の見方の相違を確認してみたい。ドレツキは錯覚は誤表象だと述べている（Dretske 1995, p. 175／二一一頁）。錯覚を知覚的な見えと客観的な対象との齟齬として理解しているのである。

メルロ＝ポンティはどうか。『知覚の現象学』で述べている錯覚論を手がかりにしたい。たとえば有名なミュラー＝リヤーの錯覚を例にとって説明しよう（図2参照）。

図2

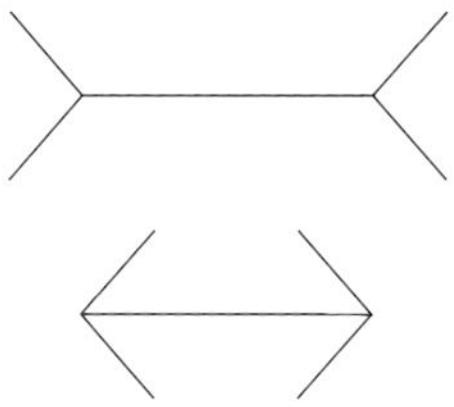

二本の横線は同じ長さであり、そのことは定規で測ってみれば分かる。しかし最初見たとき、上の方が長く見える。この「錯誤」をもって心理学者によって「錯覚」と評価される。しかしこのどこに「錯誤」があるのだろうか。注目すべきは、私が定規で測って客観的に同じ長さであるということを理解したその後のことである。私は定規で測って同じ長さと理解した。その上であらためてこの図に目を向けてみよう。今度は同じ長さに見えるだろうか。決してそういうことはない。あいかわらず定

規で測る前と同じように、上の横線の方が長く見えてしまうのである。ここで判明するのは、見ることと頭で理解することとは別だということである。理解した通りに見えるなら、つまり理性の判断にしたがって見えるなら、二度目に見たときは同じ長さに見えるはずだろう。しかしそうならない。知覚は理性によって見ることではない。知覚は独自の論理にしたがって見ているのである。

八章三節でもグッデイルらの錯視についての議論を紹介した。そこでは意識的視覚である腹側経路だけが錯視を犯すこと、そしてそれは腹側経路が汎用的な知覚表象を作る、「知覚のための視覚」を担っているからだということが論じられた。そのものが何であるかを知ることが主たる任務である「知覚のための視覚」は、何であるかを知るためにも、全体の文脈や視野構造のなかでそのものを判断する傾向があり、その傾向に災いされて平行線だけを切り離して見ることができないのであろう。

しかし、意識的な視覚とはこういうものであり、こういう目的のために作られたものである。その目的は最終的には生の有用性に帰着する。したがって知覚世界もまた、物理世界ではなく、生きるために生物によって組織しなおされた世界なのである。だとすれば、錯覚は知覚の錯誤という意味では錯誤を含まない。知覚の世界のなかでは、これが正しい見え方なのであり、「錯誤」と評価するのは知覚を客観的対象と比べるからである。しかしながらそういうものをもちこむのは知覚世界の論理を無視することである。

こう考えるなら、ドレツキが錯覚を一種の誤知覚と理解するのは、知覚に客観的対象をもちこむ誤りを犯しているといえる。客観的対象は、知覚的現れ——上の横線の方が長く見える——とは別のものである。心理学者は客観的対象としての斜めに伸びる線が「錯覚」の主因とみなす。客観的原因が、現象における「錯覚」を引きおこすというのである。この考えによれば、真なる知覚とは客観的対象との合致のことだということになるだろう。しかしながらそもそも「真偽」とは、知覚のなかでの知覚対象との合致非合致の論理によって決まってくるはずであり、学問的な「真偽」もそれを無視できないはずである。

では知覚における真偽とは何か。知覚においては対象がそのものとしてあたえられているということが前提されている。たしかに客観的に見れば、知覚はわれわれの知覚器官に決定的に拘束されているので、ある意味知覚対象は人間にとっての「主観的な現れ」にとどまるという言い方もできる。しかしこれは知覚を知覚の背後の客観的な「対象」との関係と理解するものであり、正確な理解ではない。メルロ＝ポンティなら、知覚において、対象は知覚対象であり、知覚において「そのもの」として現れている対象のことだと言うだろう。知覚があたえる姿は、客観主義的には「主観的な現れ」と評価されるであろうが、知覚する私にとってはそれがただちに「対象そのもの」なのである。そういう存在論的性格をもってあたえられている。知覚の間違いを証言するのは別の知覚であって、知覚とは次元の異なる客観的対象ではない。たとえば目をこらして見ることで、先の知覚の誤りが判明する。知覚自体の性格としての、「そのものをあたえる」という性格は、この誤りの判明によって疑われることはない。それどころかむしろ、そのものをあたえるという性格に依拠して、誤りの判断もなされるのである。「客観的でない」という理由で知覚という手段に対する懐疑が生じるようなことはまったくない。知覚を「主観的」とみなすような「客観性」や、そこから生まれる懐疑は知覚世界の論理とは別のものなのである。

では、表象主義を修正して、表象を客観世界でなく知覚世界を表すものと見なすような修正をすべきだろうか。それは無理である。そんなことをするならクオリアなどの表象を物理世界に関係づけて説明づける表象主義の肝心の意図──私はこの意図を共有していない──が果たされないからである。したがって、この点は小手先の変更で乗りこえられるものではない、表象主義の核心の難点だといえる。

ただ、仮に表象主義が正しく、物質の意識に対する因果性が表象主義のように語れるとしても、それはあくまで物質から意識への因果（いわば「上向きの因果」）にすぎない。そのクオリアがどういう仕方で行動に影響できるか、つまり現象的意識から物質への「下向きの因果」という最重要の謎が明らかになったわけではない（この点は私もおなじ限界をかかえたままであるが）。

われわれは知覚世界の論理を学びなおすべきである。知覚世界の論理は生きるためのものとしてこの世界を組織化しなおしている。意識もこの論理に従属している。クオリアもそうであるはずである。意識は客観世界を映し出すだけの因果の行きどまりではなく、われわれが生きる場としての世界を映し出し、そしてそこへと働きかける経路の一部である（「知覚のための視覚」ももちろん最終的には行動に結びつく。生物の活動はすべて最終的には行動のためのものである）。そして経験とは客観世界に関して語られることでもクオリアに関して語られることでもなく、知覚され実践される世界とそのなかの知覚対象について語られることである。知覚が世界を具体的な形で表象するのも、そこで生きるためである。表象するだけなら抽象的な表象も可能なのだが（思考の表象は抽象的である）。

たしかに知覚世界は客観世界と乖離しているわけではない。もし乖離してしまうなら生存にも弊害が出てしまうだろう。知覚世界は生存に適するように生物によって組織化しなおされたものだが、物理的客観世界は知覚世界に土台をあたえているのであって、物理世界の形は知覚世界の下に透かし見ることができる。両世界間にはこういうゆるやかな関係が保たれている。しかしあくまでわれわれ動物にとって真の世界とは知覚世界なのである。

意識の解明はここに見るような意識の現実の姿を説明する方向で進められるべきである。

結論

第一部の議論で私は、意識は意志の能力をもつのでなければならず、現象的意識は意志を介して行動に影響すると考えざるをえないと論じた。そうでないと進化論的に不合理である。それを受けて第二部で私は、意識のあり方を具体的に探った。もちろん、現象的意識と物質のかかわりがどうして可能かという最大の難問に直接の寄与はできていない。しかし少なくとも、現象的意識から行動への影響は認められねばならないというかなり強い論拠をえた。また、意識を考える際には、それが動物の意識である以上、知覚意識など世界にかかわる意識のあり方を範にして考えるようにすべきであるというような、物心の関係を解明していく上でのいくつかの戦略的な方向性は示せた。

意識の普遍的な形式にこだわることは、われわれ動物の意識のあり方から目をそらし、あらぬ方へと迷走することになるだけである。というのも、われわれが知っている意識とは動物である人間の意識だけであり、ほかはいくら想像をたくましくしても、結局は人間の意識からそのヴァリエーションとして考えられるだけである。意識概念がそこに規定されている以上、大きく離れればそれを意識とは言えないと感じてしまう。それが意識と呼べるかどうかの判断の基準として、私の意識についての経験があり、それが「論理的な可能性」の直観的な判断基準でもある。知覚的信念もこのことを支持していた（九章二節）。

意識は動物の意識として生まれてきて、生存のためにあるのである。その意識のあり方を、とりわけ第二部で確認してきた。私たちの知っている意識も生存のための意識だけである。あるものについてそのあり方を自由に変更してみてそのものの「本質」を獲得しようとするフッサールの「自由変更」の試みが無意味なものだということは、五章五節で確認した。この方法で事実性を本当に免れられるか疑念があるが、それが仮に可能でこの方法を意識に応用しても、想像上変更した意識が本当に意識と呼べるかの基準は、結局私たちの体験した意識でしかありえない。生存を目的としない純粋観照の意識を私は知らない。知っているように思えるのは、メルロ＝ポンティの言う「自然」に目をくらまされているのである。「自然」は私の生と無縁な仕方でそこにあるように見える。しかしそれは直接的な生への有用性から離れているだけである。自然を認識することは最終的には生にとって有用なのであり、自然表象は多様な用途の準備をするものであった。「自然」だけでなく「自然」を眺める意識も、その生の束縛を離れるものではない。

こういう動物の意識としてもつ基本条件を捨ててまで意識概念を拡張し、それをなおかつ「意識だ」と言い張ろうとすれば、矛盾を来すか意識のあり方をゆがめてしまうだろう。行動と無縁な意識を想定する哲学者たちは世界を観照するだけの意識を考える。そういう意識は一見可能に思える。そのどこかに矛盾があるというのか。しかしながら観照するだけの意識は世界に関心をもつことができないだろう。その意識にとって世界に何の意味があるのか。そして無意味な世界を見ることに何の意味があるのか。その意識は関心のもてない世界に対して目を閉じ眠り込んでしまうだろう。哲学者は動物の意識でない意識を想定するが、その想定は意識から世界に向かう動因を奪う。世界に向かわない意識は自己になら関心をもつだろうか。そうは思えない。私が自己に関心を向けるのは、自己への配慮が快苦等々の生命的意義をもつできごとを左右する鍵だからである。観照するだけの意識は快苦も知らないだろうから、その意識は世界だけでなく自己に意識を向けることもないだろう。

意識がつねに何かについての意識であるなら、すべてに関心を失って何ものも意識しない意識はもはや意識ではない。少なくとも私は、こういうものを「意識」と呼ぶことに抵抗を覚える。こうして動物の意識という枠組みから外れてしまうと、意識は意識としてのあり方を維持できなくなってしまう。

意識を考える際には事実的な意識を尊重しなければならない。意識の事実性を離れ、その「純粋」で「普遍的」な本質を求めようとしても、それは決して成功を収めない。私が見た動物としての意識のあり方は、事実的な意識のあり方であるが、この方向に進んでゆくことこそ、心身問題の解決の実りある方向だといえよう。

＊　＊　＊

本書でえられた意識の事実的あり方について最後に簡潔に基本的性格だけをまとめておこう。意識研究は意識の下記のような基本性格を尊重して展開されねばならない。

○意識は単に自由意志をもつかのように見えるだけでなく、真の意味での自由意志の機能をもたねばならない。そして現象的意識は心理学的意識の機能としての意志を介して行動に影響を及ぼせるのでなければならない（一章一〜三節）。

○意識には多種多様な情報が集まるのでなければならない（二章二節）。
○意識はそれら諸情報が集まる場であり、それらを総合する能力をもつのでなければならない（二章二節）。特に痕跡条件付けは、意識が総合の役割を果たしていることを明示していた（二章二節）。
○意識の典型的なあり方は、背側経路が担う行動のための視覚のような、そのつどの機能に即す役割を果たすことではなく、「自然」の知覚に見られる、そのつどの実践的意味から解放された世界の自体的あり様の知覚である（二章二～四節）。
○視覚の同時並行的把握能力が総合的なものとしての意識の起源となっているかもしれない（八章四節）。また、記憶の活用が意識の起源にかかわっているかもしれない（二章三節）。
○進化上、意識は無意識の入出力経路のバイパスとして成立した可能性がある（八章五節）。ただ、意志の暴走を抑えるため、意識には生の基本的価値を尊重させる目的で快苦の感じなどが備わっている（同所）。また、六章で見たチャーチランドのコネクショニズムを踏まえたモデルは、意味的なものと非意味的なものを接合するひとつの可能性を示している（八章六節）。
○意識は知覚的情報処理の構造を反映している。とりわけ、メルロ＝ポンティの言う「知覚的信念」の表すような構造である。その限り意識は世界に特定の存在論的意味をあたえるものであり、客観的世界の忠実な鏡ではない（九章二節）。

注

1 デネットはリベット批判にかぎらず、進化論的な観点から意識を詳しく論じている。しかし、たとえば『自由は進化する』(Dennett 2003.)、『解明される意識』(Dennett 1993. 特に7章「意識の進化」)において意識の進化論的考察を展開しているものの、意識の進化上の誕生の局面を論じるのでなく、意識の進化上の誕生ののち、とりわけ人間的意識におけるその進化を問うことに主眼がある。これは彼が意識をいわゆる「百鬼夜行型」の分散構造としてとらえようとするために、意識と非意識の差異を曖昧にすることに力点が置かれたことによるであろう。意識の誕生というとらえ方は逆にその差異を際立たせることになりかねないと恐れたのであろう。

2 名称は異なるものの、このような二種に区別するのはN・ブロックに由来するという。

3 傍点部は原文イタリック。

4 ここでの「経験」とは現象的意識の経験である。

5 この前提に付随して、あとで触れる彼のいう「構造的整合性原則」も成りたたないと仮定する。この原則は心理学的意識と現象的意識が対応しあうという原則であり、ゾンビ宇宙でないこの宇宙では成りたっているとされる。しかし先述のような私の独自の仮定をたてるとき、現象的意識を支える物質基盤だけが欠けることは——これが私の独自の仮定の第二である——可能である。つまり、整合性原則も成りたつとは限らなくなってしまう。一方チャーマーズでは、現象的意識を支える物質的基盤は不要であるから、物質的な条件にかかわらず、心理学的意識あるところ現象的意識が付随する（整合性原則が成りたつ）ということは可能である。

6 N・ハンフリーは私の擬似ゾンビとよく似た、現象的意識のための身体機構を欠く動物を想定し、「心理学的ゾンビ」(N. Humphrey 2011, p. 70／九一頁) と呼んでいる。同書ではこれと人間との生存競争という私が以下述べているのとおなじ発想も見られるものの、現象的意識の有無で行動面に差が生じるということを認める (Humphrey 2011, pp. 72-73／九三—九五頁)。われわれと異なり、あとの点で、ゾンビ論証の大前提を最初から認めていないし、彼では私の想定とは逆に「心理学的ゾンビ」が生存競争に敗れてしまう。

7 サーモスタットの意識については、マカーシーが早くに語っているという（J. R. Searle 1984, p. 30／三一頁）。

8 ほかにも五章一、四節で触れる、意識の瞬間性の懐疑などが難問として立ちはだかるだろう。仮に情報に付随して意識が生まれるとしても、瞬間瞬間に別々の意識となるのではないかという疑念が生じる。

9 彼は次のような議論を展開している。「身体図式」（body image）、すなわち自己身体に関する潜在的なイメージをわれわれはもっていて、それにもとづいて手がどこにあるか知っているので、一々手のありかを探さなくてものに手を伸ばせる。この身体図式は他者からの見えも含んでいる。さて、コールはこの身体図式と快苦との結びつきを根拠に、身体図式に根付いた嫌悪的な状態は、快楽ではありえないと述べる。他人が嫌悪的な身振りをしながら快を感じているとは想像できないという。たしかにこれは常識的にはそのとおりだが、現象的意識と心理学的意識を区別し、現象的意識が行動に影響できないというチャーマーズ的前提のもと、現象的意識である快苦の逆転が生じる、という仮定にもとづくならコールの言い分は通用しない。この仮定だと身体図式は内面と乖離しうるからである。つまりコールはかなり常識的な観点から現象性質が行動に関与しないという説を批判しているのである。

10 「整合性（coherence）原則」と呼ばれることもある（CM, p. 218／二七三頁）。

11 引用部の……は中略、傍点強調は佐藤。

12 私は別の著作でエナクティビズムについて詳しく語ったことがある（佐藤義之、二〇一四年）。

13 原文の綴りの誤りを訂正した。

14 この箇所とそれに続く本論文次段落で引用したキムの議論では、英字につくアステリスク（*）の有無が明らかに逆になっている箇所がある（PとP^*の時間的先後を逆にする誤り）ため、適宜訂正した。ただしこの誤りはおなじ論文ののちの再録版でも訂正されていない（Kim 1993 a, p. 106.）。

15 生物における目的を進化に関連付けて考えることは、九章で触れるF・ドレツキなども行っている（F. Dretske 1995.）。なお、進化から目的を考えることに対しては、D・デイヴィドソンの「スワンプマン」の議論がその批判となる。しかしながら、一瞬の偶然のできごとによって、合目的的な生物とおなじものができるというデイヴィドソンの想定（D. Davidson 2001.）は、論理的可能性に頼る議論であり、私の重視してきた事実性の重みをまったく顧みず、数十億年にわたる進化の歴史を偶然のひとつのできごとがまたぎこせるものだと見なす点で受けいれがたい。

16 もしかしたらそうでなく、技術者がコンピュータの経験を作り出す介入を想定するべきなのかもしれない。しかしそれこそがわれわれの前に立ちはだかる壁なのであって、その壁を越えるためにモデルを使ったりしているのだ。したがって、この種の想定をしても何の役にも立たない。

17 ひとから聞いたはずもないのに、「前世」の数多くの記憶をもっていると判明したならどうか。転生を認めざるをえないのではないか。しかしこのような場合が現実にあると証明されたわけではなく、また「論理的可能性」さえ未だ示されていないまったくの仮想である。まったくの仮想の事態に関して転生を認めざるをえないとしても、そもそもその事態が仮想にすぎない以上、現実の状況においては転生を認めざるをえないということを迫られているわけではない。

18 引用中の傍点部は原文イタリック。

19 チャーマーズも思考の内容ごとに違う独特の「感じ」を現象的意識の管轄と見なしている（CM, pp. 9-10／三一頁）。思考の自由の感じも現象的意識のものと認めうるだろう。

20 引用中の……は中略。

21 「身体的実存は人格的実存とは別の意識をもって知覚内容を意識しているということはないのか」という疑問も生じるかもしれない。ただ、仮に身体的実存が知覚内容を意識しているとしても、人格的実存から独立している以上、その意識内容を「私」＝人格的実存が意識することはないだろう。つまり「私」にとっては存在しないか、他人の意識も同然なのである。そのため、それほど大きな問題にはならない。身体的実存に意識があるかどうかについては、本章三節で眺めるが、結論として私は身体的実存は意識をもたないと考える。

22 ただ、少しあとで触れるが、チャーマーズは盲視を現象的意識なき行動と考えない。

23 八章二節冒頭で、自然表象は実践的表象より広い汎用性をもつということを述べたが、それは自然表象が前の種類の汎用性をもつからである。

24 http://pooneil.sakura.ne.jp/archives/cat/optic_ataxia.php

25 ただしチャーマーズはこういう理由で現象的意識の無用性を語るわけではない。彼はゾンビの可能性から現象的意識の無用性（心理学的意識だけで意識の機能を果たすには十分）を帰結する。しかし先述のように、（ゾンビならざる人間においては）心理学的意識も意識の側面であって、心理学的意識は無意識的な働きをカバーしていない。だから無意識的な働きを含めた「心的機能」全体を視野に入れているロビンソンらとは議論の前提が異なっている。

26 引用の傍点部は原文イタリック。

27 この引用の直前に、この知覚的信念を指して、「冒頭に述べた知覚的信念」（VI, p. 91／九二頁）と述べられている。これは『見えるものと見えないもの』冒頭の第一の知覚的信念を指しているかにも思えるが、そうではなく、この引用を含む「問いかけと弁証法」という題名の章の冒頭で触れられている知覚的信念を指していると理解すべきである。こう考えれば私の理解と矛盾はなくなる。

28 ただしメルロ＝ポンティはこの点について明言していない。

29 引用の傍点部は原文イタリック。

30 引用の傍点部は原文イタリック。

参考文献一覧

Berlin, Brent, & Kay, Paul 1969, *Basic Color Terms: Their Universality and Evolution*, Berkley and Los Angeles, Calif.: University of California Press.（『基本の色彩語：普遍性と進化について』日高杏子訳、法政大学出版局、二〇一六年）

Block, Ned 1995, On a Confusion about a Function of Consciousness, in *Behavioral and Brain Sciences*, Vol. 18, Issue 2, Cambridge, Mass.: Cambridge University Press.

Brooks, Rodney A. 1991, Intelligence without Representation, in *Artificial Intelligence*, Vol. *47*, Amsterdam: Elsevier.

Chalmers, David J. 1996, *The Conscious Mind*, New York: Oxford University Press.（『意識する心』林一訳、白揚社、二〇〇一年）

——2010, *The Character of Consciousness*, Oxford: Oxford University Press.（『意識の諸相』太田紘史・源河亨・佐金武・佐藤亮司・前田高弘・山口尚訳、春秋社、二〇一六年）

Churchland, Patricia S., Ramachandran, Vilayanur. S., & Sejnowski, Terrence J. 1994, A Critique of Pure Vision, in Christof Koch and Joel L. Davis (eds.) *Large-Scale Neuronal Theory of the Brain*, London; Cambridge, Mass.: MIT Press.

Churchland, Paul M. 1994, Folk Psychology, in Samuel Guttenplan (ed.) *A Companion to the Philosophy of Mind*, Oxford ; Cambridge, Mass.: Blackwell.

——2013, *Matter and Consciousness*, Cambridge, Mass.: MIT Press, 3rd ed..（『物質と意識』信原幸弘・西堤優訳、森北出版、二〇一六年）

Churchland, Paul M. & Haldane, John 1988, Folk Psychology and the Explanation of Human Behavior, in *Proceedings of the Aristotelian Society, Supplementary* Volumes, Vol. *62*, Oxford: Oxford University Press.

Clark, Robert. E., & Squire, Larry R. 1998, Classical Conditioning and Brain Systems: The Role of Awareness, in *Science* Vol. 280, Issue 5360, Cambridge, Mass.: Moses King.

Cole, David 2002, The Function of Consciousness, in James H. Fetzer (ed.), *Consciousness Evolving*, Amsterdam ; Philadelphia, Pa.: John Benjamins Publishing Company.

Crane, Tim 2001, *Elements of Mind*, New York: Oxford University Press.（『心の哲学』植原亮訳、勁草書房、二〇一〇年）

Damasio, Antonio R. 1999, *The Feeling of What Happens*, New York: Harcourt Brace & Company.（『無意識の脳　自己意識の脳』田中三彦訳、講談社、二〇〇三年）

——2003, *Looking for Spinoza*, Orland, Fla.: Harcourt.（『感じる脳』田中三彦訳、ダイヤモンド社、二〇〇五年）

——2005, *Descartes' Error*, London: Penguin Group.（『デカルトの誤り』田中三彦訳、ちくま学芸文庫、二〇一〇年）

Davidson, Donald 1993, Thinking Causes, in John Heil, & Alfred Mele (eds.), *Mental Causation*, Oxford, England: Clarendon Press.

——2001, Knowing One's Own Mind, in *Subjective, Intersubjective, Objective*, Oxford: Clarendon Press.（「自分自身の心を知ること」『主観的、間主観的、客観的』清塚邦彦・柏端達也・篠原成彦訳、春秋社、二〇〇七年収載）。

Dennett, Daniel C. 1993, *Consciousness Explained*, London: Penguin.（『解明される意識』山口泰司訳、青土社、一九九八年）

——1996, *Kinds of Minds*, New York: Basic Books.（『心はどこにあるのか』土屋俊訳、ちくま学芸文庫、二〇一六年）

——2003, *Freedom Evolves*, New York: Viking.（『自由は進化する』山形浩生訳、ＮＴＴ出版、二〇〇五年）

Dretske, Fred 1995, *Naturalizing the Mind*, Cambridge, Mass.: MIT Press.（『心を自然化する』鈴木貴之訳、勁草書房、二〇〇七年）

Fetzer, James H. (ed.) 2002, *Consciousness Evolving*, Amsterdam ; Philadelphia, Pa.: John Benjamins Publishing

Company.
福田敦史　二〇〇三「意識についての Higher-Order Thought 理論の検討」、『科学基礎論研究』Vol. 30, No. 2。
Gallagher, Shaun, & Zahavi, Dan 2008, *The Phenomenological Mind*, London: Routledge.（『現象学的な心』石原孝二・宮原克典・池田喬・朴嵩哲訳、勁草書房、二〇一一年）
Gazzaniga, Michael S. 2011, *Who's in Charge?*, New York: Ecco/HarperCollins.（『〈わたし〉はどこにあるのか』藤井留美訳、紀伊國屋書店、二〇一四年）
Geremek, Adam, Greenlee, Mark W., & Magnussen, Svein (eds.) 2014, *Perception Beyond Gestalt*, London: Psychology Press.
Ginsburg, Simona, & Jablonka, Eva 2010, The Evolution of Associative Learning: A Factor in the Cambrian Explosion, in *Journal of Theoretical Biology*, Vol. *266*, Amsterdam: Elsevier.
Godfrey-Smith, Peter 2016, *Other Minds: The Octopus, the Sea, and the Deep Origins of Consciousness*, New York: Farrar, Straus and Giroux.（『タコの心身問題』夏目大訳、みすず書房、二〇一八年）
Goodale, Melvyn A. 1988, Modularity in Visuomotor Control: From Input to Output, in Zenon W. Pylyshyn (ed.), *Computational Processes in Human Vision*, Norwood, N.J.: Ablex Publishing Corp..
Goodale, Melvyn A., & Milner, A. David 1992, Separate Visual Pathways for Perception and Action, in *Trends in Neurosciences*, Vol. 15, Issue 1, Cambridge, UK: Elsevier Trends Journals.
——2004, *Sight Unseen*, Oxford: Oxford University Press.（『もうひとつの視覚』鈴木光太郎・工藤信雄訳、新曜社、二〇〇八年）
郡司ペギオ－幸夫、松野孝一郎、オットー・E・レスラー編　一九九七『内部観測』、青土社。
羽地亮　二〇一〇「痛みの感情的側面」、『神戸大学文学部紀要』37巻収載。
Hart, Donna, & Sussman, Robert W. 2005, *Man the Hunted*, Boulder, Colo.: Westview Press.（『ヒトは食べられて進化

した』伊藤伸子訳、化学同人、二〇〇七年）
Horgan, Terence 2011, From Supervenience to Superdupervenience, in Sean Crawford (ed.) *The Mind-Body Problem*, London: Routledge.
Howes, Mary B., & O'Shea, Geoffrey 2014, *Human Memory*, Amsterdam: Academic Press.
Humphrey, Nicholas 2011, *Soul Dust*, Princeton, N.J.: Princeton University Press.（『ソウル・ダスト』柴田裕之訳、紀伊國屋書店、二〇一二年）
Husserl, Edmund 1950, *Ideen zu einer reinen Phänomenologie und phänomenologischen Philosophie, Erstes Buch*, Den Haag: M. Nijhoff.（『イデーン——純粋現象学と現象学的哲学のための諸構想Ⅰ』渡辺二郎訳、みすず書房、一九七九、一九八四年）
Hutto, Daniel D., & Myin, Erik 2012, *Radicalizing Enactivism*, Cambridge, Mass.: MIT Press.
人工知能学会監修、神嶌敏弘編　二〇一五『深層学習』、近代科学社。
河原純一郎・横澤一彦編　二〇一五『注意：統合と選択』、勁草書房。
Kim, Jaegwon 1984, Epiphenomenal and Supervenient Causation, in *Midwest Studies in Philosophy IX*, Minneapolis: University of Minnesota Press.（「随伴的かつ付随的な因果」金杉武司訳、『シリーズ心の哲学Ⅲ（翻訳篇）』、勁草書房、二〇〇四年）
——1993 a, *Supervenience and Mind*, Cambridge ; New York: Cambridge University Press.（J. Kim, Epiphenomenal and Supervenient Causation の再録版が掲載）
——1993 b, Can Supervenience and 'Non-Strict Laws' Save Anomalous Monism?, in John Heil, & Alfred Mele (eds.), *Mental Causation*, Oxford, England: Clarendon Press.
——1998, *Mind in a Physical World*, Cambridge: MIT Press.（『物理世界のなかの心』太田雅子訳、勁草書房、二〇〇六年）

——2011, Emergence, in Sean Crawford (ed.) *The Mind-Body Problem*, London: Routlege.

Koch, Christof 2004, *The Quest for Consciousness*, Englewood, Colo.: Roberts & Company Publishers.（『意識の探求』土谷尚嗣・金井良太訳、岩波書店、二〇〇六年）

Kveraga, Kestutis, & Bar, Moshe (eds.) 2014, *Scene Vision*, Cambridge: MIT Press.

Lettvin, J. Y., Maturana, H. R., McCulloch, W. S., & Pitts, W. H. 1959, What the Frog's Eye Tells the Frog's Brain, in *Proceedings of the Institute of Radio Engineers, 47*, New York.: Institute of Radio Engineers.

Libet, Benjamin 2004, *Mind Time: The Temporal Factor in Consciousness*, Cambridge, Mass. ; London: Harvard University Press.（『マインド・タイム』下條信輔訳、岩波書店、二〇〇五年）

Maley, Corey J., & Piccinini, Gualtiero 2018, The Biologial Evolution of Consciousness, in Rocco J. Gennaro (ed.), *The Routledge Handbook of Consciousness*, New York: Routledge.

Martinez-Conde, Susana, & Macknik, Stephen L. 2007, Windows on the Mind, in *Scientific American*, Vol. 297, Issue 2.（「眼球運動の不思議」阪口豊訳、『日経サイエンス』、二〇〇七年）

松本俊吉　二〇一四『進化という謎』、春秋社。

Mele, Alfred R. 2008, *Free Will and Luck*, Oxford ; New York: Oxford University Press.

——2017, *Aspects of Agency: Decisions, Abilities, Explanations, and Free Will*, Oxford ; New York: Oxford University Press.

Merleau-Ponty, Maurice 1945, *Phénoménologie de la perception*, Paris: Gallimard.（『知覚の現象学』竹内芳郎・小木貞孝・木田元・宮本忠雄訳、みすず書房、一九六七、一九七四年）

——1964, *Le visible et l'invisible*, Paris: Gallimard.（『見えるものと見えないもの』滝浦静雄・木田元訳、みすず書房、一九八九年）

Metzinger, Thomas (ed.) 2000, *Neural Correlates of Consciousness*, Cambridge, Mass. ; London: MIT Press.

Miller, Steven M. (ed.) 2015, *The Constitution of Phenomenal Consciousness*, Amsterdam ; Philadelphia, Pa.: John Benjamins Publishing Company.

Millikan, Ruth G. 2004, *Varieties of Meaning*, Cambridge, Mass.: MIT Press.（『意味と目的の世界』信原幸弘訳、勁草書房、二〇〇七年）

Mitchell, Melanie 2009, *Complexity: A Guided Tour*, New York: Oxford University Press.（『ガイドツアー複雑系の世界』高橋洋訳、紀伊國屋書店、二〇一一年）

Murphy, Nancey, & Brown, Warren S. 2007, *Did My Neurons Make Me Do It?*, Oxford: Oxford University Press.

Musholt, Kristina 2015, *Thinking about Oneself*, Cambridge, Mass.: MIT Press.

新美亮輔・上田彩子・横澤一彦　二〇一六『オブジェクト認知』、勁草書房。

信原幸弘編　二〇〇四『シリーズ心の哲学Ⅰ（人間篇）』、勁草書房。

――二〇〇四『シリーズ心の哲学Ⅲ（翻訳篇）』、勁草書房。

信原幸弘・太田紘史編　二〇一四『シリーズ新・心の哲学Ⅱ（意識篇）』、勁草書房。

信原幸弘編　二〇一七『心の哲学』、新曜社。

Noë, Alva 2004, *Action in Perception*, Cambridge, Mass.: MIT Press.（『知覚のなかの行為』門脇俊介・石原孝二監訳、春秋社、二〇一〇年）

Northoff, Georg 2016, *Neuro-Philosophy and the Healthy Mind*, New York: W. W. Norton & Company.（『脳はいかに意識をつくるのか』高橋洋訳、白揚社、二〇一六年）

ＮＰＯ無痛無汗症の会「トゥモロウ」編　二〇一一『改訂版　先天性無痛無汗症——難病の理解と生活支援のために』。

苧阪直行編著　二〇〇〇『意識の認知科学』、共立出版。

Panksepp, Jaak, & Biven, Lucy 2012, *The Archaeology of Mind*, New York: W. W. Norton & Company.

Parfit, Derek 1984, *Reasons and Persons*, New York: Oxford University Press.（『理由と人格』森村進訳、勁草書房、一

九九八年）
Robinson, Zack, Maley, Corey J., & Piccinini, Gualtiero 2015, Is Consciousness a Spandrel?, in *Journal of the American Philosophical Association*, Vol.1, Issue 2, 2015, Cambridge: Cambridge University Press.
Rosenthal, David M. 2002, Explaining Consciousness, in David J. Chalmers, (ed.), *Philosophy of Mind*, New York ; Oxford: Oxford University Press.
——2008, Consciousness and Its Function, in *Neuropsychologia* Vol. *46*, Issue 3, Oxford: Pergamon Press.
佐藤義之　二〇一四『態勢の哲学』、勁草書房。
——二〇一八「意識の成立と構造——生物体の機能としての観点から」、京都大学大学院人間・環境学研究科『人間存在論』刊行会編『人間存在論』第二四号。
——二〇一九「物理的なものの因果的閉塞性と心的因果——その両立可能性の検討」、京都大学大学院人間・環境学研究科『人間存在論』刊行会編『人間存在論』第二五号。
Searle, John R. 1984, *Minds, Brains, and Science*, Cambridge, Mass.: Harvard University Press.（『心・脳・科学』土屋俊訳、岩波書店、二〇一五年）
——1992, *The Rediscovery of the Mind*, Cambridge, Mass.: MIT Press.（『ディスカバー・マインド！』宮原勇訳、筑摩書房、二〇〇八年）
——1997, *The Mystery of Consciousness*, London: Granta Books.（『意識の神秘』菅野盾樹監訳、笹倉明子・小倉拓也・佐古仁志・小林卓也訳、新曜社、二〇一五年）
塩入諭　二〇〇五「視覚処理のインテリジェンス」、『日本印刷学会誌』四二巻一号。
Shoemaker, Sydney 1963, *Self-Knowledge and Self-Identity*, Ithaca, N.Y.: Cornell University Press.（『自己知と自己同一性』菅豊彦・浜渦辰二訳、勁草書房、一九八九年）
鈴木貴之　二〇一五『ぼくらが原子の集まりなら、なぜ痛みや悲しみを感じるのだろう』、勁草書房。

辻省次・西澤正豊編　二〇一三『小脳と運動失調』、中山書店。

Tye, Michael 1996, The Function of Consciousness, in *Noûs*, Vol. 30, No. 3, Bloomington, Ind.: Indiana University.

内田伸子・繁桝算男・杉山憲司責任編集　二〇一三『最新心理学事典』、平凡社。

Ungerleider, Leslie G., & Mishkin, Mortimer 1982, Two Cortical Visual Systems, in David J. Ingle, Melvyn A. Goodale, & Richard J.W. Mansfield (eds.), *Analysis of Visual Behavior*, Cambridge, Mass.: MIT Press.

Vignemont, Frédérique de & Alsmith, Adrian J. T. (eds.) 2017, *The Subject's Matter*, Cambridge, Mass.: MIT Press.

安原昭博　一九九一「まばたきの神経生理学」、田多英興・山田冨美雄・福田恭介編著『まばたきの心理学』、北大路書房。

Zahavi, Dan, Grünbaum, Thor, & Parnas, Josef (eds.) 2004, *The Structure and Development of Self-Consciousness*, Amsterdam ; Philadelphia, Pa.: John Benjamins Publishing Company.

あとがき

現象学を志すものとして、おなじ意識という領域を主たる研究領域とする心の哲学の活況に対する羨望と、その基本姿勢に対する反発は以前からあった。しかし勉強不足で心の哲学に正面からものを言うだけの勇気はなかった。ただ、いつまでもその状態でいてはならないと思い、準備が整ったわけではまったくないが、今回、蛮勇をふるってこの本を出すこととした。まだまだ勉強不足であり、それに起因する欠陥は多いであろう。ご指摘願えれば幸いである。

なお、本書につながるテーマに取り組んだのは三年ほど前からであり、本書の一部分は以下の二論文を下敷きにしている。

「意識の成立と構造——生物体の機能としての観点から」
　京都大学大学院人間・環境学研究科『人間存在論』刊行会編『人間存在論』第二四号（二〇一八年）
「物理的なものの因果的閉塞性と心的因果——その両立可能性の検討」

京都大学大学院人間・環境学研究科『人間存在論』刊行会編『人間存在論』第二五号（二〇一九年）

本書に並行して、おなじ講談社から講談社学術文庫『レヴィナス』（勁草書房より二〇〇〇年刊行の『レヴィナスの倫理』の改題復刊）が刊行されるが、講談社・互盛央氏にはこの復刊とともに本書でも、メチエシリーズでの刊行の可能性を示唆していただけるなど最初からお世話になった。途中からは同社・原田美和子氏にもこちらの都合を聞いていただき、懇切にお世話いただいた。この場を借りておニ方にお礼申し上げます。

二〇二〇年二月

佐藤義之

佐藤義之（さとう・よしゆき）

一九六二年、京都府生まれ。一九九一年京都大学文学研究科博士課程単位修得退学、二〇〇一年京都大学博士（人間・環境学）学位取得。静岡大学助教授等を経て、現在、京都大学大学院人間・環境学研究科教授。

専攻は、現象学、倫理学。著書『レヴィナス　「顔」と形而上学のはざまで』（講談社学術文庫）『物語とレヴィナスの「顔」』（晃洋書房）『感じる道徳』（晃洋書房）『態勢の哲学』（勁草書房）など。

「心《こころ》の哲学《てつがく》」批判序説《ひはんじょせつ》

二〇二〇年 四月 八日 第一刷発行

著者 佐藤義之《さとうよしゆき》

発行者 渡瀬昌彦

発行所 株式会社講談社
東京都文京区音羽二丁目一二—二一 〒一一二—八〇〇一
電話 (編集)〇三—三九四五—四九六三
(販売)〇三—五三九五—四四一五
(業務)〇三—五三九五—三六一五

装幀者 奥定泰之

本文データ制作 講談社デジタル製作

本文印刷 信毎書籍印刷株式会社

カバー・表紙印刷 半七写真印刷工業株式会社

製本所 大口製本印刷株式会社

ISBN978-4-06-519352-5 Printed in Japan
N.D.C.101 269p 19cm

講談社選書メチエの再出発に際して

講談社選書メチエの創刊は冷戦終結後まもない一九九四年のことである。長く続いた東西対立の終わりはついに世界に平和をもたらすかに思われたが、その期待はすぐに裏切られた。超大国による新たな戦争、吹き荒れる民族主義の嵐……世界は向かうべき道を見失った。そのような時代の中で、書物のもたらす知識が一人一人の指針となることを願って、本選書は刊行された。

それから二五年、世界はさらに大きく変わった。特に知識をめぐる環境は世界史的な変化をこうむったとすら言える。インターネットによる情報化革命は、知識の徹底的な民主化を推し進めた。誰もがどこでも自由に知識を入手でき、自由に知識を発信できる。それは、冷戦終結後に抱いた期待を裏切られた私たちのもとに差した一条の光明でもあった。

その光明は今も消え去ってはいない。しかし、私たちは同時に、知識の民主化が知識の失墜をも生み出すという逆説を生きている。堅く揺るぎない知識も消費されるだけの不確かな情報に埋もれることを余儀なくされ、不確かな情報が人々の憎悪をかき立てる時代が今、訪れている。

この不確かな時代、不確かさが憎悪を生み出す時代にあって必要なのは、一人一人が堅く揺るぎない知識を得、生きていくための道標を得ることである。

フランス語の「メチエ」という言葉は、人が生きていくために必要とする職、経験によって身につけられる技術を意味する。選書メチエは、読者が磨き上げられた経験のもとに紡ぎ出される思索に触れ、生きるための技術と知識を手に入れる機会を提供することを目指している。万人にそのような機会が提供されたとき初めて、知識は真に民主化され、憎悪を乗り越える平和への道が拓けると私たちは固く信ずる。

この宣言をもって、講談社選書メチエ再出発の辞とするものである。

二〇一九年二月　　野間省伸